走出喪慟的情緒，踏上療癒之路

當 焦慮來臨時

認識喪慟焦慮的第一本書，
探索失去與死別造成的多重心理生理反應，
正視內心恐懼的求救訊號，
重拾勇氣面對與掌控生活。

心理諮商｜悲傷治療｜支持團體｜醫療照護 指定參考

The Missing Stage of Grief

克萊兒・畢德威爾・史密斯——著
盧相如——譯

ANXIETY

by CLAIRE BIDWELL SMITH, LCPC

推薦序

迴旋愛裡！為脆弱心情補上一抹新妝

張艾如

從事臨床心理實務工作進入第二十四年，同時投身於解離／多重人格領域近二十年，在陪伴療癒的路上，總是心疼地看見人們失落的悲傷，以及未能走出創傷下的驚恐、焦慮、慮病或解離，不論是受苦於成長歷程中的長期傷害、突發壓力事件、九二一地震的天災、臨終關懷／喪親（含毛小孩）等創傷來源。特別是透過解離個案「以自身生命之痛教會我們生命的進階內涵」，得以體悟到唯有結合東方「磁場能量」概念和西方「量子力學／多元宇宙」角度，方能窺見生命的全貌、洞悉人的情緒本質、看懂心理功課和心靈任務——原來，一切都在愛裡！

這樣的領悟，也促使了「葡萄理論」解離心理病理機制／身心靈能量平衡健康模式的內涵更臻豐富與完整：人是靈性的動物，由多元靈體／意識／自我（ego）組成一個我（self）；每個靈體是思維／記憶本體，以不可見光的能量形式存在，共振於肉身的神經電位系統，遂成東方文化指稱的「人整體是身心靈組成的磁場」，不論負責的是理性思維或是感性情緒的電波磁場，都迴旋於整個穹蒼、乃至於大宇宙之間。

創傷，是靈魂以沉重情緒負荷的方式如實記錄下的記憶，蘊含著超乎一般情緒的強烈恐懼、憤怒、孤獨、無助、失落、悲傷反應，其實與一般人面臨生死攸關時的心情亦是相仿，而「焦慮」特別扮演著警報系統的角色，提醒著累世生命中不可以重蹈覆轍的生存議題，以及寬恕、自信等愛的心理功課。由於悲傷或創傷事件的來源涉及多元宇宙，所以除了本書中運用傳統認知行為學派理論的「列表與書寫」方式，還可以佐以正念減壓與內觀療法的靜坐冥想，覺察並找到補償、放下或原諒自己之復原力。此時，從「葡萄理論」延伸而來的「三階段處遇」身心靈全人關懷模式，更可以事半功倍地提供悲傷療癒、不再焦慮的直接做法：第一階段「平衡磁場能量」，跟著累世、時空、童年留下的創傷印記，以光的冥想與愛的能量平衡悲傷情緒，在天地人合一的能量場中擁抱脆弱、修復傷痛、減低焦慮；第二階段「圓滿心理功課」，於「一念之間」改變磁場頻率以開通靈魂記憶、學習未盡事宜的因應方式、改寫時空、走出不一樣的生命經驗，提昇生命靈性的層次。

書中，作者特別用心於以 Dr. Kübler-Ross 的「悲傷五階段理論」：否認與驚訝、生氣與憤怒、討價還價、憂鬱沮喪、接受共存為基調，提醒了失落和悲傷歷程中可能被忽略了的焦慮情緒本質，但與其說以「焦慮」取代「討價還價」階段，不如闡述突發壓力事件發生之初，焦慮的開關瞬間便已經被打開了，在否認與驚訝的心情中，當事人已有可能伴隨出現自律神經失調、內分泌失衡、四肢無力、甚至全身癱軟的焦慮身體反應。當生氣與憤怒接續出現卻於事無補，生命平衡與自我療癒力遂行開啟，於是在既焦慮又憤怒的情緒中，開始嘗試各種翻轉現況的可能性，所以有討價還價的想法或具體行動，這是靈體意識在生存本能下的積極作為，有著靈魂盡責的重要意義——其實，所有情緒都是靈魂分工下盡責執行的任務！

另外，關於面對死亡的議題，在看懂生命的真實相，理解「靈魂不死」的本質後，別忘了可以透過心靈磁場共振的相通方式，給予光的冥想與愛的祝福能量，協助靈魂走出焦慮與悲傷的創傷情緒，了脫生死、走出喪親之慟，留下守護彼此的正能量，讓靈魂執行完成長的功課。關於生命尊嚴的議題，二〇一九年一月亞洲第一部「病人自主權利法」於台灣實施，得以讓當事人預立醫療決定書，以決定接受、撤除或拒絕對自己無益的醫療措施，確保生命有尊嚴的自然善終，也將可以讓所有靈魂安定，不再焦慮，是非常珍貴與樂見的歷史時刻。

最後，對於走出悲傷、失落和焦慮，謹將《零極限》中廣為流傳的「對不起、請原諒我、謝謝你、我愛你」四句話送給正在閱讀此書的讀者，當你的心中因此迴旋在一股愛的暖流中，撫慰了內心角落的脆弱心情，必能感受到「面對它、接納它、處理它、放下它」那種不被焦慮籠罩的自在感，我們將可以看見你臉上堆滿微笑的新妝，與你共享幸福與愛的力量！

本文作者為臨床心理師，現任心靈之美心理治療所院長，前台北市臨床心理師公會理事、台灣創傷與解離學會創會人、前國際創傷與解離學會亞洲國家代表暨各委員會委員

致每一個曾經失去所愛，
並在悲傷過程中迷失自己的人。
你並不孤單。

目錄

第一章 焦慮是什麼？ 031

焦慮會以各種不同的形式和程度出現……最複雜的層面在於它會以實際的生理症狀表現出來。這些症狀從心悸到噁心都有，讓人誤以為是身體不適，但其實是更深層的心理問題，必須對治心理問題才能夠減緩生理的症狀。

第二章

喪慟是什麼？

有什麼辦法可以不受分離與失去的恐懼所困？唯一的對策是發展獨立自主的能力，不再分分秒秒依賴另一個人而活。但憂鬱的人很難做到這一點，因為這代表他必須鬆開與另一個人的緊密連結，這會立刻引發他對失去的恐懼。解決之道是尋找其他的安全感來源，但這只會讓問題變得更糟。

第三章

認識你自己的喪慟故事

我要請你挖掘你自己的喪慟故事，將它攤開來檢視，學習如何以具有療癒效果的方式分享它，學習如何檢視且真正明白你的故事。這並不是一個容易的過程，卻是減輕焦慮的關鍵。

我們與逝者之間往往還有許多話沒來得及說，更別提做過或沒做過而讓彼此感到後悔的事……我們對於自己的滿腔怒火感到罪惡，對於自己沒能做些什麼改變這樣的結果感到愧疚。承認這些感覺，坦然面對與處理它們，將有助於緩和它們。

第五章 悲傷復原力

悲傷復原力是指在悲傷歷程中採取主動積極的態度。你可以哭泣與哀悼，但你也要檢視你的處理方式，並且確實開始重塑你的人生。重要的是，不要因為這樣的失去就讓你自己一蹶不振。

第六章 盤點你的生活

盤點你的生活是悲傷歷程中很重要的一部分，也是減輕焦慮的一個重要方式……失去可以是一記警鐘，提醒我們人生的優先順序，有時候也會讓我們知道自己並未走在正確的人生道路上。

第七章
書寫的力量
187

寫下你的悲傷會讓你更瞭解以前的自己，以及你將成為什麼樣的人。這對療癒過程至關緊要。接受新的生活，瞭解過去你是什麼樣的人，你才能找到平靜且繼續向前。

191 ・書寫為何如此有效？
198 ・把想說的話寫下來
200 ・心情日記
203 ・寫信給逝者
207 ・記憶與回憶的書寫

第八章
重新訓練你的大腦
213

學習如何控制焦慮的想法，是釋放焦慮的過程中最有效的工具……瞭解思維運作的方式，學習如何退後一步，不受想法的控制，對於焦慮的程度將有顯著的改善。

214 ・認知行為治療
220 ・災難性思維
222 ・對於焦慮的恐懼
227 ・權威醫師的方法

前言

此刻你之所以翻閱這本書，也許是你或你所愛的人正在與焦慮奮戰。不僅如此，或許你也知道存在你內心的焦慮，源自於你曾經遭遇的失去。那場生離死別可能是最近才發生，或者已經是幾十年前的事了。你的焦慮可能很嚴重……抑或剛好足以讓你不好過。焦慮是一種令人難以捉摸的情緒，我想你早就準備好對它做一番徹底的瞭解，並且學習如何讓自己好起來。這正是本書寫作的目的。

因為失去而引發焦慮，這樣的情況比多數人所想的還要普遍。當某個對我們來說很重要的人過世了，我們的世界會產生不同程度的混亂失序。伴隨失去而來的各種震驚與衝擊，催化了我們內在的害怕與恐懼，而形成了焦慮。所以在這裡我首先要告訴你，若你正因為失去而感到焦慮，你並不孤單。

你可能幾個月前才剛送走了至親，或者多年前失去某個親友依然令你耿耿於懷。失去所愛的人會對我們造成一輩子的影響，不論是各種生活的轉變，或者是埋下行為上和情緒上的地雷。本書是寫給那些正在消化喪慟★情緒的人，以及那些傷痛不再強烈但情緒後座力依然不散的人，尤其是焦慮的感受。

這本書將幫助你瞭解如何消除與釋放焦慮，同時教你如何處理引發焦慮的各種失落感受。我能體會光是要你承認自己的焦慮就會讓你感到焦慮，因此我保證將以一種令人安心又自在且充滿同理心的方式來進行。

我會領著你一步步踏上療癒之路。我自己就是以這樣的方式度過父母離世後的那段焦慮時期；後來我成為一名悲傷治療師（grief therapist），也是用同樣的方式陪伴數百位案主走過人生低潮。藉由閱讀這些篇章，你會看到黑暗隧道的盡頭還有光亮，你正展開治療焦慮的第一步。

作為一位悲傷治療師，我經常會告訴案主們我自身的故事。由於悲傷與焦慮是很獨特的經驗，我相信若他們知道我也曾歷經同樣的境況，他們會更容易卸下心防。接下來的章節，在我開始分享這些案主們如何克服因喪慟而引發的焦慮之

★編按：喪慟（grief）是指對於失去或死別的多重反應，表現為悲傷、低落和難過。除了情緒上的反應，亦包括生理、認知、行為、社交等層面的反應，個人的反應會隨性格、家庭、文化及宗教而有不同。

前，我要先說說關於我自己的故事。

我的第一次恐慌發作是在十八歲的時候，當時我與高中時期交往的男友喬登正駕著車做公路旅行。我們剛從高中畢業，暑假過後就要上大學，兩人決定前往各自將就讀的學校遊覽一番，希望這份感情能夠維繫下去。

這趟旅程很盡興，我們握著彼此的手踏遍校園，誓言戀情不會受到遠距離的影響。我們連續開了兩天的車返回喬治亞州，一路上不斷談論著未來的計畫。我望著高速公路上疾駛而過的風景，感覺未來近在眼前；我穿著布鞋的雙腳跨在儀表板上，頭髮隨著吹進車窗的風飛揚。未來讓人期待，也讓人害怕。

當我的目光停駐在路面上，突然間我感到心跳加快，接著越跳越快，快到讓我有些喘不過氣來。我立刻把雙腿放下來，坐直身體，不斷深呼吸。心跳持續加快，我一陣頭暈目眩。「怎麼回事？」喬登問。但是我無法回答，我整個人慌得說不出話來。我懷疑自己心臟病發作，而這麼想讓我更加恐慌。我的胸口好像被什麼東西重重壓著，我快要不能呼吸。

我朝他搖搖頭，睜大雙眼。「我不太對勁，」我總算吐出這幾個字。喬登不知如何是好，只能跟隨公路上的標示載我前往最近的醫院掛急診。

經過幾個鐘頭的檢查之後，醫生診斷我是心律不整的問題，但因為我沒有相關病史，加上我還年輕，於是他就讓我們離開醫院。

從那天起，我便生活在害怕同樣情況會再度發生的恐懼中。事實上，我開始頻繁出現這類症狀——胸悶、心跳加速、心悸，以及嚴重暈眩。很快我就發現自已被這個可怕的問題給困住了。

回想起那次急診室的經驗，我真希望那位醫生可以多關心一下我的心理狀態。如果他多問我一些個人問題，就會知道我正處於一段極度焦慮的過度期：即將離家去念大學，而且我爸媽都在與癌症奮戰。

可惜當時我太年輕，不知道把這些事情與症狀串起來，甚且持續受恐慌之苦多年。焦慮症讓人猜不透之處，就在於它會透過其他身體症狀表現出來，而多數人並沒有意識到焦慮才是問題的根源。我自已也是在多年之後才明白這一點，最後總算能擺脫焦慮的陰影。如今我幫助無數案主克服焦慮症，這一路走來的經驗讓我瞭解，焦慮感以及沒有好好處理的悲傷情緒，正是讓人如此受折磨的原因。

十四歲時，我面臨父母親同時罹癌的雙重打擊。我是家中的獨生女，而我的整個青春期都活在隨時可能失去家人的陰影下。父親的前列腺癌很快就受到控制；母親的結腸癌末期則是讓我們得不斷陪她進出醫院進行無止盡的治療。

我父母都是善良的人，他們兩個過去都曾經有過一段婚姻，兩人有了點年紀之後才認識彼此，決定攜手相伴。我父親是一位工程師，他是二次世界大戰的戰犯；我母親則是一位優秀的藝術家，在曼哈頓定居。母親在四十歲時生下我，而父親當時已經五十七歲了。雖然他在第一段婚姻中育有三個孩子，他們也都長大成人，但因為我母親很想要擁有自己的孩子，所以我在一九七八年出生於亞特蘭大，一家人有過一段很美好的家庭生活。

我離家上大學時，父親已經七十幾歲，當時我母親已罹癌五年，她在我就讀維爾蒙特一所藝術學校的大一學期中過世，在她嚥下最後一口氣之前，我沒能夠趕回她身邊陪伴她。

母親的死對我打擊很大，我一點心理準備也沒有。在陪伴她對抗病魔的五年間，父親曾跟我談論母親臨終的事，我也接受了學校心理輔導師的輔導，但我從來不相信她真的會死，因為**媽媽不會死，這樣的壞事絕對不會發生。**

如今我明白，正是這些信念的瓦解，觸發了我的焦慮症。母親的死讓我的世界天崩地裂。如果連我媽媽都會死去，這個世上什麼壞事都有可能發生。

我中斷學業，返回喬治亞州協助父親處理搬家事宜，然後找了一份餐廳女侍的工作，內心掙扎著要不要跟一直都很關心我的高中同學們保持聯絡。我認識的人裡頭沒有誰遭遇過這樣的喪親之痛，儘管大家都十分同情我的遭遇，但我沉浸在自己的悲傷中而覺得孤單無助。

焦慮感不斷向我襲來，情況變得越來越糟。我時時擔心恐慌的症狀會再度出現。我擔心父親隨時會離開我。我也怕自己會死。在這些恐懼之下，是感覺生活已然失控的惶惶無措。

我轉而借酒澆愁，還愛上了一個同樣剛失去家人、深陷悲傷泥淖中的男人。我們一起飛到紐約，在那裡我上了一門大學的心理學課程，恍然大悟原來多年前在公路上的突發狀況，是恐慌發作。

明白這一點，是開啟療癒的第一步。當我體認到我的焦慮源自於母親的死，我變得更能夠接受與面對這個失去的事實，讓自己真正進入悲傷的歷程。失去所愛是非常痛苦的事，我們常常會選擇逃避那些讓人難受的感覺，而非去經歷它們。然而，把不好的感覺推開並不會讓它們消失，它們只是潛入情緒的底層，以憤怒、沮喪以及焦慮的模樣再度出現。

不過僅僅理解焦慮的原因並無法解決焦慮。焦慮它陰魂不散，隨之而來的恐慌更像顆不定時炸彈。當我提出要去看心理醫師時，男友跟父親都鼓勵我突破心結，但不要再沉溺在自我的感覺裡——他們以為這就是心理治療的作用。事實正好相反，面對焦慮就像在結冰的路面上開車，當車子打滑了，你必須順著打滑的方向轉動方向盤，才能重新控制車子，而非試圖扭轉方向盤。

那正是我二十歲時做的事，我不斷想要把車子駛往相反的方向。我把重心放在學業上，同時沉淪在酒精裡。但焦慮的情緒一直存在。二〇〇一年時，當我在位於東村的公寓望著雙子星大樓崩塌時，我的焦慮到達高點，讓我難以承受的不是因為許多人在這場災難中喪命，而是這個世界彷彿行將毀滅。

自紐約的大學畢業之後，我搬到洛杉磯，一心想要成為一位作家。那時候我父親住在南加州，而我在一家名氣響亮的雜誌社擔任助理，有空時就開車載著年邁的父親往返醫院治療，因為他的癌症復發，而這回癌細胞轉移到骨頭。

在他病入膏肓之際，我辭去了工作，照顧他僅剩的時日。父親過世時我二十五歲，相較於母親的狀況，父親顯得平靜許多。他花了相當的努力面對自己的病痛與接受自己終將不敵病魔的事實，而這讓我對於他的死更能夠釋懷。

父親離開之後，只剩下我孤零零一個人。我搬到一間位於海邊的公寓，思索下半輩子將何去何從。失去父親讓我心痛又寂寞，覺得生命失去了存在的意義。就在多數同儕忙著深造或投入工作，以及在週末夜狂歡之際，我卻是深陷沮喪的情緒而無法自拔。

在好友的不斷勸說下，最終我選擇接受治療。我坐在治療師的辦公室裡，把過去十幾年的人生經歷攤開來說，這才發現我真的很不好過。我被迫面對死亡，比起其他多數人也更早得面臨喪親之痛。由於我們的社會害怕談論死亡，所以我被鼓勵要拋開悲傷的情緒，而不是學著去經歷與接受它。

接受治療是一次可貴的經驗。藉由審視與明白自己遭遇的喪慟，撫平了我的焦慮，也讓我學會利用各種方式面對自己的痛苦與恐懼，以及應用其他自我檢視與自我探索的技巧。我對心理治療有了全然不同的觀感，因此在父親過世三年後，我決定攻讀臨床心理學的碩士學位，成為一名治療師。

取得碩士文憑之後，我找到了服務的志向：死亡的領域。我知道不少臨床醫師最不想要碰觸的就是死亡的議題，但是對我而言，那是我最想要探討的主題。

我選擇前往安寧病房當一個臨終關懷諮商師，因為當初我父親就是住進安寧病房，受到醫療團隊妥善的照顧。我父親之所以可以平靜離世，正是因為安寧病房的團隊營造了一個讓病患安心的環境。

照顧我父親的醫療團隊包括護士、牧師、居家照顧者、社工以及臨終關懷諮商師，他們是我見過最有愛心與慈悲的人。在我人生最惶恐無助的那段日子裡，他們給我滿滿的同理心、耐心與支持。我很感激他們為我做的一切，也因為他們而成就了今日的我。

之後我搬到芝加哥，在那裡擔任臨終關懷諮商師長達四年的時間。白天時我驅車前往伊利諾郊區的安養中心，握著病患的雙手或者坐在餐桌旁安慰臨終病患的家屬，並且發起喪親者的支持團體。

———

擔任臨終關懷諮商師這幾年來，我對於喪慟的想法有了很大轉變。失去所愛的人不僅是單純的個人經驗，還牽涉到許多衍生的問題。在我三十歲進入這一行以前，我就深深體會過喪慟是什麼樣的感覺，但是每當我走進病房準備與家屬們談話時，他們總是認為我太年輕，不夠資格與他們談論死亡。他們認為我憑什麼跟他們大談喪親之痛？

有趣的是，一旦我提及雙親過世的事，他們就會明顯地卸下武裝，表情也變得柔和許多。喪慟是一種非常個人的經驗。除非你真的經歷過某個親近的家人離世，否則無法體會箇中滋味。因此當我把自己的經歷告訴他們，他們立刻就知道我確實能夠體會他們的感受。

在這四年期間，我對自己的喪慟也有了更深的體會。我接觸過各種失去至親的案例，不論死亡的對象是伴侶、孩子、手足或摯友，而死亡原因或者是長期受疾病所苦，要不則是突然的意外。由於喪慟輔導這個領域的相關資源不足，因此我的支持團體對外開放，我開始遇到因為其他原因而失去親友的人，包括遭到謀殺、自殺或巨大變故。他們讓我對喪慟的經驗又完全改觀。

這段期間我也結了婚，而且很快有了孩子。在我體內孕育著新生命的同時，身邊接觸的卻都是即將邁向死亡的人，這是十分特別的經驗。我一邊準備迎接女兒的到來，一邊又馬不停蹄開車前往安養中心或是臨終病患的家裡。而我發現，我們的社會如此強調迎接新生，但是對於生命的另一頭卻幾乎絕口不提。

簡言之，我們的文化完全沒有告訴我們如何面對死亡。即使到了現在，我們對孩子依然避談這件事，也沒有給他們清楚的解釋，甚至不讓他們參加喪禮或紀念儀式。工作職場也只給我們一個星期的喪假，期望我們可以迅速「回歸正常」。

也難怪等到我們真的必須面對死亡，不論是自己的大限將至或是陪伴他人走向生命終點，我們往往不知道該怎麼做才好。即使是最瞭解我們狀況的醫生，經常也不願意多談死的事情。我接觸過不知道多少的安寧病患，即使他們的生命只剩下一兩天，院方或家屬仍然想盡辦法要維持他們的生命，而不願意接受現實。如果醫療團隊、家屬、甚至包括病患在內，願意坦然接受死亡，營造一個平和安詳的臨終環境，對所有人而言將會更具有療癒效果。

也因為如此，我經常從家屬口中聽到懊悔的言談。**如果我早知道她只剩下一個星期……我不知道他就快要走了……事後回想起來，我可以看得出來她真的病得很重，但沒有人告訴我真相……**

聽到這些懊悔讓我心痛不已。所以我投入無數的時間陪伴病患走過生命的最後階段，幫助他們瞭解無法坦然面對死亡並不是他們個人的錯，而是這整個社會的問題。我致力於改變我們的文化對於死亡的態度與認識。事實是，每個人都會死。如果我們願意坦然面對這一點，幫助與支持彼此，那麼面對死亡時我們就更不會焦慮、更心平氣和、更正向光明。

從事臨終關懷至今已經十個年頭，目前我在洛杉磯開設一間私人診所，儘管生活十分忙碌，仍然經常到各地帶領喪慟治療團體，幫助過數百位案主走過失去親友的傷痛。

幾年前，我領悟到一件很重要的事。我發現在我接觸的案主身上，相較於沮喪與憤怒的情緒，最主要的症狀其實是焦慮。一而再、再而三，我在前來諮商的人身上看見我自己的遭遇。他們描述自己在經歷失去之後，出現恐慌症、疑病症，以及不斷擔憂害怕的感覺。

他們前來求助於我，希望我能夠替他們解決內心的不安與焦慮，他們往往也不知道如何處理悲傷的情緒。他們帶著對於伊麗莎白．庫伯勒羅斯（Elisabeth Kübler-Ross）博士著名的「悲傷五階段」★的疑惑踏進我的診間。他們擔心自己錯

★編按：五階段包括否認（denial）、憤怒（anger）、討價還價（bargaining）、沮喪（depression）、接受（acceptance）。

了，沒有正確按照這五個階段去走，或者害怕他們跳過了某個階段，或是停留在某個階段太久。

我跟他們解釋說，這五個階段原本是為了那些**臨終者**所寫的，而非陷入喪慟的人；這個理論其實不適用於遭逢失去的人所經歷的情緒轉變。事實上，喪慟包含哪些情緒仍有待進一步探索，而焦慮肯定是其中的重要一環。

我相信喪慟也有其過程，但我認為這個過程將因人而異。每個人都會走過自己的情緒轉折，不論是悲傷與憤怒、焦慮與懊悔。最重要的是，我深信喪慟這段過程最大的療癒力量來自於，在失去中找到正向的連結，而非迫於無奈必須放手。

這本書的起心動念來自於我與前來尋求諮商的案主們之間無數的對談。我看到許多人在喪慟的過程中不斷與內心的焦慮奮戰，卻找不到關於這個症狀的有用資訊。

此刻的你，很可能正在忍受焦慮的折磨。你想要知道怎麼面對它和處理它，也想要瞭解焦慮從何而來。就像我的案主們，你或許經歷過恐慌發作，或者出現焦慮症常見的其他症狀，甚且你也跟他們多數人一樣，根本不知道問題的源頭其實是焦慮。而本書將幫助你瞭解為什麼失去會引發焦慮，以及如何度過這些難受的情緒。

你之所以選擇這本書，是因為你失去了某個你深愛的人。或許這件事剛發生不久，你覺得你的世界天翻地覆。你不曉得何去何從，也不知道如何止住內心的痛苦、如何安撫恐懼或平息惱人的思緒。你覺得孤單無依，無法從同儕、同事，甚或其他家庭成員那裡得到安慰。更重要的是，你突然體悟到生命並非如你所想像的那樣。

你也可能是在多年前曾經經歷過痛徹心腑的失去，或者那是你孩提時期的遭遇，而現在你才懂得把那樣的經驗與這些年來苦苦掙扎的焦慮感受連結在一起。不論失去是發生在多久以前，面對它、處理它、放下它永遠不嫌遲，然後你才能重建平穩的生活。

透過本書的字裡行間，你將會讀到那些跟你走過相同道路的故事。你會看到他們如何與焦慮、喪慟奮戰，以及如何克服讓人不好過的症狀。寫作本書的過程中，我訪談了數十位過去輔導過的案主，探究喪慟引發焦慮的原因與方式，以及焦慮在不同人身上的不同反應。我將剖析他們的療癒過程，讓讀者對於緩和焦慮症狀的方式有更好的認識。為了保護隱私，書中皆使用化名。

除此之外，我也訪談了合作多年的醫生、臨終關懷工作者、安寧病房的護士以及禮儀師。我請他們說說自身或是病患經歷喪慟與焦慮的經驗，並將我一路以來遭遇到的問題拿出來向他們請益。他們提供的訊息可以幫助你理解諸如焦慮的生理症狀，也就是我們的身體對於恐懼與悲傷的反應；他們也提供了許多實用的解決辦法與因應策略。

我希望你在閱讀本書時，可以時時停下來深呼吸，記住你並非孤軍奮戰。我將陪你走過這趟理解之旅，讓你明白喪慟與焦慮如何交互影響。而我的目的是，當你闔上本書之後，能夠找到嶄新的力量去處理你的情緒與症狀，也能夠學會減輕焦慮的方法，為失落的自己再度尋得平靜。

你可以跳著看或是選擇自己想要閱讀的章節，但是我在撰寫本書時是採取循序漸進的引導方式，各篇章環環相扣。請你慢慢閱讀，在你認為重要或是有共鳴的段落畫線或做記號，也可以寫下筆記，或是跟諮商師談談你得到的啟發。必要時反覆閱讀，花點時間完成章末的檢測。閱讀的過程中，可能有些章節會讓你產生抗拒；如果你覺得自己還沒有準備好，那就之後再回過頭來讀。這麼做將會使這趟療癒的過程更加深刻。

喪慟會引發焦慮，這一點不難理解。失去所愛的人確實是人生的一大難關。生離死別會影響我們生活的各個層面，也會讓我們不知如何前進。死亡提醒我們生命瞬息萬變，有可能下一秒就會消逝。不論我們如何做足準備，卻永遠沒有準備好的一天。

喪慟是一段憤怒與痛苦的道路，也是哀傷與焦慮的道路，為了能夠順利抵達彼岸，那個享受生命之美的境地，我們必須重新理解此時此地。藉由瞭解這趟旅程，思索生與死的意義，我們能夠帶著更平靜的心走向彼岸，轉變成一個更具有同情心與同理心的人，不僅為了這個世界，也為了我們自己。

我們無法忘記失去所愛的事實，這樣的傷痕難以完全癒合，但是我們可以學著與它共處。我們可以學著以新的方式重新看待失去，我們也可以學著幫助自己掙脫焦慮的束縛，再度敞開我們的心胸。

拿起這本書，就是療癒的開始。

第一章

焦慮是什麼？

從來沒有人告訴我，悲傷與恐懼的感覺如此相像。

——C.S. 路易斯

焦慮是什麼？它從何而來，你又如何掌控它？為什麼失去所愛經常會引發我們的焦慮？當我面對案主時，通常會先說明這些問題，因為瞭解焦慮是學習如何克服焦慮的第一步。而明白焦慮與失去的關係，更是至關緊要。

我從事悲傷治療師的工作已經超過十年，工作地點包括安寧院所與我的私人診所。我曾經握著許多臨終者的手，包括我自己的父親。我輔導過許多喪親之後在悲傷的泥淖中苦苦掙扎的人。

然而，每當我到各地、各種場合談論死亡，甚或是陪伴臨終者的家屬時，我發現有個最常出現的問題：**伴隨失去而來的焦慮感**。

死亡讓人感到焦慮是可以理解的事。失去所愛的人會讓我們覺得生命很脆弱。失去也會改變我們原本的生活，逼得我們去面對人終將一死的命運。想到生命如此難以預測，恐懼與焦慮的情緒會以你未曾預料到的強烈方式浮上檯面。

本書將探討這種種情緒。但是在深入瞭解之前，我們應該先對焦慮有個基本的認識，讓你能夠盡快舒緩一些。以下的章節安排是根據我與案主進行諮商時的實際過程。第一次諮商總是以認識焦慮作為開場，包括焦慮是什麼、它怎麼作用的，以及更重要的是，提供一些快速緩解焦慮的方式。這正是我們在第一章裡所要談論的內容。

為了建立你對焦慮的基本理解，本章會提供一些問題幫助你釐清自己的焦慮程度，還有來自一位聲譽卓著的醫生的實用訊息與建議，以及當焦慮來臨時的快速處理步驟，輔以實際案例的說明，讓你對於減輕焦慮有更具體的認知。

有件事你必須先知道，那就是焦慮的問題比你想像的更加普遍。近期的研究顯示，在美國，約莫四千萬的人口曾經受焦慮症所苦，占總人口的百分之十八。而這個數字似乎還在節節攀升中。相較於憂鬱症，焦慮症是大學校園更常見的精神健康問題。根據美國精神衛生研究院（National Institute of Mental Health）提供的數字，百分之三十八的青少女與百分之二十六青少年罹患焦慮疾患（anxiety disorders），遠高於全國的平均數字。

Google的搜尋趨勢報告指出，過去五年，**焦慮**一詞的網路搜尋次數漲幅近兩倍。這些統計數字看起來也許令人驚訝，但多數受焦慮症折磨的人往往選擇自己默默忍受。事實上，患者很容易可以掩飾焦慮的症狀，儘管內心煎熬但表面上正常過著日子。然而，從另外一個角度來看，焦慮會讓人心神耗弱，工作和社交都提不起勁，要能夠過著正常的生活談何容易。

好消息是，焦慮是一種治癒率極高的症狀。

對焦慮的基本認識

究竟什麼是焦慮？焦慮的核心是對於某件事物的恐懼，不論是真實或想像的事物。說得更具體一些，焦慮是來自於對不必然當下就會發生、甚且永遠不會發生的事情的恐懼。焦慮會連帶產生生理反應。你可能會出現身體的疼痛或不舒服的感覺，從而引發讓你害怕的想法或記憶。或者你也可能因為有了讓你恐懼的想法，所以才引發身體的不適。

焦慮是一種擔心害怕的感覺或不祥的預感。它可以表現為一般的不安全感，讓人覺得一切都不對勁；或者它也可以是具體的擔憂，好比擔心自己會罹癌或搭飛機會墜機。焦慮（anxiety）這個詞從拉丁文 *anxius* 衍生而來，意思是激動和痛苦的狀態。這樣的痛苦通常很深層，不論身體或心理。它像是一種危機感，但你無法總是能夠指認出具體的危機。

焦慮也是一種實際且有用的情緒。在某些情況下，我們的確需要焦慮。焦慮感有助於我們準備考試或是打包旅程需要的物品。焦慮感能夠讓我們提高警覺，保護自己的身家安全。然而，一旦焦慮超出了這些實際效用，而你時時處於擔憂害怕的狀態下，就會成為問題。擔憂是焦慮的心理表現，但是當你發現自己不斷擔憂著無法掌控的事，就必須採取行動安定自己的思緒。

當恐懼感沒來由的變得非常強烈，或是突然襲來讓人無力招架，就是所謂的**恐慌發作**。你對於恐懼的反應，不論是輕微的焦慮或高度的恐慌，都會透過實際的身體狀況表現出來：全身肌肉緊繃、心跳加速、呼吸急促，或許還會出現頭昏或暈眩。就焦慮來說，這些身體感受是因為你的**想法**而起，而非實際遭遇的威脅，例如家裡被小偷闖空門。

焦慮也會產生焦慮。即便是閱讀這些段落都可能會引發你的焦慮。如果發生這樣的情況，請記得深呼吸，明白這是你的身體對於焦慮的想法所產生的反應。而經由訓練，你的身體和心理對於讓你恐懼或焦慮的想法的反應，會比現在和緩得多。

我們的身體生來就會對恐懼做出反應。每個人天生都配備了這個有用的工具。面對威脅，人類內建了戰或逃的反應機制。如果有人拿著棒球棍朝你走過來，或是當你遇上凶猛的野獸，你的身體會自動進入戰鬥或逃避的反應模式，而這時候你的感覺就跟焦慮時的感覺一樣——心跳加速、肌肉緊繃、頭暈目眩。你對於這些感覺很熟悉，因為我們每個人都曾經有過這些感覺。

我們對於恐懼的反應牽涉到大腦與身體不同的反應機制，透過荷爾蒙、蛋白質與其他神經內分泌物質的交互作用，藉由神經傳導的方式發送到全身。當你面對一個會激發出恐懼反應的情境，你的身體會發送警告，讓你準備好迎戰危險或者是趕緊逃跑。

我們甚至不用在意識的層次上多加思考這些恐懼，它們就會讓我們感到焦慮。就算我們把焦慮的想法推開，我們的潛意識仍然感受得到焦慮，並以我們不一定會意識到的方式在處理焦慮。事實上，壓抑恐懼與恐慌只會導致更嚴重的焦慮。當我們能夠接受恐懼，就像車子順著結冰的路面滑行一樣，我們會更能夠掌控情況，然後好好加以消化與處理。

失去所愛的人以後，你心中的許多恐懼會比過去感覺起來更像是一種具體的威脅。你親眼目睹了死亡，死亡無可避免的變得更加真實。你想到人終將一死，你害怕自己也難逃一死，你擔心身邊的人有一天也會死去，你的身體與心理對於讓你恐懼的想法的反應會比以往更加強烈。

伴隨喪慟而逐漸累積的情緒會加深你的恐懼感和危機感。多數人從未感受過如此強烈的情緒。當你發現自己快要無法承受那樣的悲傷或憤怒，你會覺得害怕，而這會導致更深的焦慮，即便是在事件經過之後多年。

焦慮本身會不斷引發焦慮。我已經數不清有多少案主跟我說過，他們最焦慮的事情是未來還會有更多的焦慮。一旦他們經歷過一次恐慌發作，或是一次真實的焦慮症發作，他們就會擔心下一次發作不曉得是什麼時候的事。他們擔心在各種場合、辦公室或飛機上會突然焦慮症發作，讓人束手無措。到最後他們害怕的變成是會出現更多的焦慮。這就像是一種惡性循環，不少人在歷經喪親之後，很長一段時間都會有這個問題。不過這樣的焦慮是可以被控制的。

關於焦慮我有個有趣的發現，那就是焦慮會讓人上癮。不斷擔憂一件事情會讓我們以為自己是在預防它的發生，但實際上我們不過是持續強化警戒心，而讓自己一直處於焦慮的狀態。選擇保持警覺而非放鬆戒心，會讓你覺得可以為擔心的事情做好準備，但實際上並非如此。時時處於警戒狀態會讓人筋疲力竭，也會對健康造成嚴重影響。

我知道理解與思索焦慮有時候是很困難的事，不過能夠對焦慮有更深的瞭解、知道它會如何作用，就是克服焦慮的第一步。所以請繼續讀下去！

焦慮是什麼模樣？

焦慮會以各種不同的形式和程度出現。焦慮發生在不同的人身上會有不同的反應。然而焦慮也有許多共同的症狀，其中許多症狀我相信你並不陌生。重要的是，焦慮最複雜的層面在於它會以實際的生理症狀表現出來。這些症狀從心悸到噁心都有，讓人誤以為是身體不適，但其實是更深層的心理問題，必須對治心理問題才能夠減緩生理的症狀。

焦慮與恐慌發作的症狀

心跳不規則

暈眩與頭昏

呼吸急促

窒息感與噁心感
顫抖與盜汗
疲倦與虛弱
胸痛與胃灼熱
肌肉抽搐
熱潮紅或畏寒
焦慮高峰時身體會出現刺痛感
覺得自己快要瘋了
害怕自己不久人世或染上重病

我的同事菲利浦・皮爾斯（Philip Pierce）醫生專攻焦慮症的認知行為治療，有一次我問他，他的病患中有多少人恐慌發作時會上醫院，他笑著對我說：「我認為降低醫療成本的一個好方法，就是在急診室增設處理恐慌發作的人手，如此一來還可以節省診斷和檢測費用。」他表示：「我的病患當中約莫有三到四成的比例，在他們第一次恐慌發作時撥打一一九或是前往急診室求助。」他解釋說：

人們往往以為恐慌症是突然發作的，實際上並非如此。儘管有些人是在一覺睡醒後恐慌發作，但其實我們在睡覺時大腦並沒有完全跟著沉睡。你可能做了一個夢，或者在睡夢中肌肉收縮，這些活動大腦都察覺得到。你的身體接收到出狀況的訊息，累積到一定程度之後就會造成恐慌發作。

通常一定是有什麼事發生。可能那一天有突發的意外。最重要的是以平常心看待。你不會有問題的。就算恐慌發作，你還是應付得來。有些人是在晚餐時恐慌發作，他們會起身在飯廳走動一下。他們的身體功能運作一切正常。所以我會說，恐慌是一種正常且健康的生理反應。

皮爾斯醫生再三保證，恐慌發作是可以緩解的，我們將在本書第八章深入探究他的認知行為療法。「接受過五到十次的認知行為療法後，百分之七十的恐慌發作個案都好了。我不會把恐慌症看成洪水猛獸，而是將它正常化（normalize），我常說：『如果你偶爾出現恐慌症狀，怎麼辦？放心，它不會要你的命，這是你的身體在自我測試。』在許多情況下，像暈眩這類的感覺也會被誤解。人們不也經常花錢到主題樂園搭乘令人頭昏目眩的遊樂設施！而恐慌發作之所以令人害怕，是因為我們沒有預期它會出現。」

當我們遭逢喪親之類的重大變故，我們對於身體的感受會過度警覺，而那些感受或許是我們以前完全不會注意到的，但此刻經歷過死亡的威脅，我們害怕同樣的事也會發生在我們身上。當我們感到擔憂，恐懼的感受也會跟著升高。

焦慮是恐懼的一種基本反應。這些恐懼感可能是真實的，也可能只是我們的想像。恐懼的原因可能來自過去、現在或未來。

在喪慟的過程中，有很多事情會讓我們感到恐懼。我們害怕失去摯愛以後，未來不知道會變得怎樣。我們害怕會再失去更多，擔心有更多的人會離我們而去。我們擔心自己的健康，害怕自己可能會生病，或很快也要離開人世。有些人甚至只要聽到或是看到死亡的相關訊息，就會勾起內心的創傷。

人們因為各種不同的原因而產生焦慮，諸如離婚、搬家、生病，甚或是基因遺傳體質。儘管喪慟所引發的焦慮與廣泛性焦慮症（generalized anxiety）有許多相同的特徵，但前者有其環境因由（situational cause）。因此當我們允許自己悲傷難過，真正瞭解失去所帶來的影響，我們將更能夠減緩與應付伴隨而來的焦慮。

下列問題將有助釐清你的狀況是屬於廣泛性焦慮症或喪慟所引發的焦慮。

評估你的焦慮是否爲喪慟反應

A你是否飽受下列症狀困擾？

- 反覆且毫無預警地出現沒有明顯原因的強烈恐慌或恐懼，或是害怕恐慌再度來襲

□是　□否

- 腦海中經常出現死亡、病痛或安全受到威脅的念頭、衝動或是畫面

□是　□否

- 在社交環境中經常感到恐懼和焦慮

□是　□否

- 過度憂心尚未發生的事或即將來臨的活動

□是　□否

- 莫名感到呼吸急促或是心跳加速

□是　□否

- 對於特定狀況有經常性與不理性的恐懼，例如搭飛機、開車等等

□是　□否

- 覺得無法獨自旅行
□是 □否
- 不斷回想創傷經驗，好比接獲噩耗或目睹某人死亡或生病
□是 □否

B 你是否經常有以下的感受？

- 不安與緊張 □是 □否
- 疲倦與精力耗盡 □是 □否
- 很容易分心 □是 □否
- 沒來由的暴躁或易怒 □是 □否
- 覺得四肢緊繃 □是 □否
- 心臟砰砰跳 □是 □否
- 口乾舌燥 □是 □否
- 呼吸急促 □是 □否
- 噁心想吐 □是 □否

• 睡眠障礙 □是 □否

C經歷喪親後，是否出現下列症狀？

• 越來越擔心害怕 □是 □否
• 腦海中經常想著死亡的事 □是 □否
• 擔心自己或其他家人的健康 □是 □否
• 恐慌發作 □是 □否
• 憂鬱或悲傷的情緒不斷上升 □是 □否
• 越來越憤怒 □是 □否
• 內心充滿罪惡感或懊悔 □是 □否

評估

若你回答「是」的比例越高，罹患廣泛性焦慮症的可能性就越大。選項A跟B的部分，目的是指出焦慮的症狀；C的部分則是檢測喪慟是否為焦慮的複雜成因。儘管焦慮症十分常見，然而找出引發焦慮的原因才是理解與緩解症狀的關鍵。

如果你在C的部分回答「是」的比例越高，你很可能正經歷喪慟焦慮。這表示你的焦慮與失去有關，即使那件事已經相隔數年。本書旨在幫助你理解、治療並克服這些症狀。

如果你在C的部分回答「否」居多，你可能原本就有焦慮傾向，而失去增強了你的焦慮。本書將幫助你處理你的喪慟情緒，減輕伴隨而來的焦慮，不過若要治癒焦慮症，你要做的努力不只這些。

以平常心看待焦慮與恐慌發作

我告訴前來接受諮商的案主們的第一件事，也是你應該知道的第一件事：**焦慮是正常的**。我們的身體會對我們的想法和情緒做出反應。想想看，當你感到悲傷時，眼淚是否就這麼落下來。你真的必須好好思考這一點。當你想起難過的往事或是思念某個人時，你的身體起了什麼反應？什麼時候淚水會奪眶而出？

現在問問你自己，當你感到恐懼時，你的身體難道不該有反應嗎？失去摯愛是一件讓人害怕的事。我們往往以為我們還有一大把時間可以過，我們計畫著將來，犧牲現在以成就未來，甚至花費大把金錢和時間想要留住青春。然後，突然間，某個我們深愛的人走了，這件事明明白白提醒我們生命終將消逝。

這個體悟令人惶惶不安，讓我們感到脆弱與憂心。忽然間我們以新的眼光看待我們的生命。我們發現時間如此珍貴，以及我們對於它的掌控如此有限。這些改變與領悟讓我們感到焦慮和恐懼是很正常的事。

除此之外，我們往往是一個人面對這些新的想法與感受。當你失去摯愛時，你被推向痛苦和悲傷的深淵，而周遭的世界依然繼續運轉，好像什麼事都沒發生過，只有你的生活完全失序。這是一種孤立無援的感受。

我們的大腦同樣忙著處理大量的情緒反應。首先，悲傷、憤怒、懊悔等等情緒不斷湧現，但也會有某種程度的理性調整。我們不得不重新安排生活，以適應失去後的改變。有時候這意味著我們得搬家、換工作或是扮演不同的家庭角色，這些都是充滿壓力的調整。也難怪案主們經常是在喪親後半年至一年半之間，因為焦慮不斷升高才前來尋求協助。

在這段期間他們開始真正感受到失去所帶來的深遠影響。起初他們要應付的是震驚的感受，因為所愛的人已經走了；即使對方可能已經生病多年，但是真正的消逝還是令人難以承受。

震驚的感受慢慢消退之後，接著襲來的是悲傷的巨浪，回憶不斷湧現，時而伴隨著罪惡感或懊悔，以及其他實際的生活轉變。這些情緒所帶來的壓力超乎多數人對於悲傷的預期。事實上，許多人都會給自己壓力要趕緊走出悲傷，結果只是壓抑了本來就該經歷的情緒。

正因為情緒被壓抑，加上擔憂與壓力，才會讓恐慌與焦慮就這樣出現了。就像我自己第一次恐慌發作的情況，當時我坐在車裡，看著窗外，焦慮感沒來由的高漲。多年之後我才明白，是壓力慢慢累積了一段時間之後，而我又不斷忽視它或想要把它推開，才導致了恐慌發作。

這種情況很常見。許多前來諮商的案主一開始都說，他們的恐慌與焦慮是在毫無預警的情況下發生的，等到進一步詢問與瞭解後，我們總會找到某個重大事件（喪親）是情緒累積的源頭。

比較麻煩的是，焦慮多半會隱藏在身體的症狀之下，因此多數人第一次恐慌發作時，往往會誤以為是心臟的問題，如同我跟其他多數案主的經歷。多瞭解恐慌症的生理症狀是很有幫助的。明白你的身體在面對壓力時會出現什麼樣的反應，將有助於處理並克服這些症狀。

在我剛開始學著面對自己的焦慮問題時，我發現找專業醫師談談很有幫助。他們向我解釋了身體的生理反應，也向我保證說這些症狀不會致死，讓我可以安心不少。為了帶給讀者們同樣的慰藉，我訪談了CNN的醫藥特派員桑傑．古普塔（Sanjay Gupta）醫生。

我是在二〇一六年一場臨終關懷計畫中認識古普塔醫生，兩人有機會深談關於死亡與臨終的問題。他是一位極富同情心又仁慈的醫生，衷心盼望大眾都能夠以更加坦然的態度面對死亡。他與我分享幾個重要訊息，有助讀者對焦慮有更深一層的認識。

桑傑．古普塔醫師談焦慮的生理反應

我最希望從桑傑．古普塔醫師那裡得到的建議是，當一個人恐慌發作時應該怎麼做比較好。「首先，」他告訴我，「我們必須明白，恐慌發作並非如一般人所想的那麼不尋常。在你明白你可以控制恐慌之前，你必須先相信你**能夠**辨得到。一開始你會感到很無助，但是你必須知道恐慌發作都是有原因的，一定是有什麼東西觸發了你的恐慌。」

這個說法呼應了我先前解釋過的，我們的潛意識或是被壓抑的想法，會觸發身體的反應。當我們覺得恐慌是莫名奇妙就出現了，它只會讓人更加恐懼。

古普塔醫生要我們走出這一開始的反應，提醒自己真實的狀況。「你必須知道你不會因此沒命。如果大腦把身體的反應解讀為生命受到威脅，焦慮就會增加。方法就是不要把恐慌視為不安全的事件。你的身體不擅長分辨現在與過去的不同，所以一旦你開始走向恐懼，你的身體就會跟著做出反應。當你回想過去，你的身體是根據你當下的情緒做出反應，彷彿過去的事此刻正在發生。因此關鍵在於穩住自己，提醒自己活在當下。」

有些簡單的方式可以幫助我們讓自己穩定下來：停止你正在做的事，起身走一走。或者如果你正在走動，找個安靜的地方坐下來，深呼吸。把你的感覺跟某個人說，不論是打電話或當面說都會有所幫助。放下腦袋裡轉個不停的想法，專注於當下，這麼做會發送清楚的訊息給你的身體，告訴它你現在沒有遭遇任何威脅。我有個朋友甚至是用大聲唱歌的方式來舒緩恐慌發作時的反應。

古普塔醫生把這個過程比喻為如何告訴病患不好的消息。「要是病患接收到的消息是他過不了這一關，那麼他的反應就會真的是撐不下去。但是如果你讓病患知道如何對抗病魔，並帶給他希望，他的反應就會跟著改變。」

這表示當你遭遇恐慌發作時，重要的是不要加深內心的恐懼。基本上，如果你告訴自己可以應付得來，你的身體就會照著這樣反應。

古普塔醫生提醒我們，改變我們的想像、念頭、預期和計畫，會連帶改變我們的生理反應。「恐慌發作時會有過度換氣的現象。這會讓我們的身體感到不舒服，也會讓症狀變得更嚴重。把注意力放在緩和呼吸會很有幫助。從生理學的角度來看，這個方式可以改變體內二氧化碳的濃度，讓思緒更加清醒。」

多數人以為恐慌發作是突然就這麼發生的，有時候確實也很難找出觸發恐慌發作的原因。不過古普塔醫師提醒我們，「分析恐慌發作的生理特徵，便不難理解我們的身體為何會出現這類的生理反應。在某方面來說，我們的身體和大腦一直處於生存模式。大腦會不停釋放**交感神經**信號啟動身體機能，**副交感神經**信號則是加以抑制。如此一來，我們才能夠快速對任何狀況做出反應。所以我們的身體

總是處於加速與減速的過程。」★

在你認識喪慟所引發的焦慮之前，你或許從來不知道身體有這種加速與減速的機制。事實上，多數人對於身體的自動調適能力覺得理所當然。但是當你焦慮時，你會對於身體出現的任何微小改變或反應過度緊張。

古普塔醫師解釋說：「恐慌發作一般是始於交感神經對某件事做出反應。但有趣的是，交感神經可能早在你意識到之前就已經做了反應。你的身體其實已經開始起了變化，而你直到好幾個小時之後才意識到。」

這意味著你早上想到的一個念頭或感受到的一種情緒，可能會導致你在下午的時候出現恐慌發作。這也是為什麼人們往往會忽略情緒和想法的影響，以為只是身體的不適。

「恐慌的症狀看起來似乎都是在沒有預期的情況下發作的，」古普塔醫生解釋，「然而如果我們早幾個鐘頭監測這些患者的身體狀況，就會發現他們的呼吸頻率、血糖和壓力荷爾蒙指數都起了變化，最後才導致恐慌發作。」

我詢問古普塔醫師，我們的身體對於遭遇實際的突發狀況（諸如家中遭竊）與遭逢喪親的生理反應有何不同。出乎我意料的是，兩者的反應很像。

★編按：大腦下視丘直接支配自律神經的作用，藉由控制自律神經及釋放激素，掌控快樂、憤怒或恐懼等各種情緒反應。自律神經系統包含了交感神經系統及副交感神經系統，交感神經是促進性的，當我們感受到壓力、危險時，身體會啟動必要的機能；副交感神經是抑制性的，讓人體放鬆休息、保存體力等等。

當我們碰到危險時，會做出戰鬥或逃跑的反應；而當我們陷入情感危機時，好比喪慟，也會出現一樣的生理反應：瞳孔放大、血糖升高，可體松和壓力荷爾蒙刺激糖分的釋放以因應身體需要的能量，四肢肌肉收縮讓我們能夠迅速應變，身體機能運轉快速使身體處於警戒狀態，供應腦部和心臟的血流量增加。

恐慌發作時，所有這些反應都會被放大。人們會出現心律不整、頭昏眼花、噁心、呼吸急促、窒息感或是喉嚨有異物感。患者常以為自己是心臟病發作。

我們的心智是一個強而有力的工具。請花點時間，感受你因為失去而產生的焦慮，以及隨之而來的各種身體症狀；即使那件事是發生在多年以前，甚至你可能也已經習慣了伴隨喪慟而來的這些症狀。不過喪慟所引發的焦慮與廣泛性焦慮症不同，前者有非常明確的觸發點，與失去的經驗直接相關。

古普塔醫師結論說道：「以生理的觀點來看，這一切都是可以預測的。我們以為恐慌是沒來由的，其實不然。找出觸發恐慌發作的原因才是重點。」

揭開隱藏在焦慮底下的情緒

克服焦慮的第二個步驟，如同古普塔醫師所言，我們必須掀開焦慮這個表層的情緒，看看隱藏在它底下，我們真正擔憂和害怕的究竟是什麼。我們必須檢視伴隨喪慟而來的種種感受。

你或許覺得必須要盡快走過悲傷的歷程。這是很常見的自然反應，多數遭逢喪親之痛的人都想要快一點讓生活回歸正常，有些人甚至表現得好像什麼都沒有發生過一樣。就算是那些讓自己沉浸在悲傷中一段時間的人，總是有更多的事情得去面對。經歷喪慟焦慮的人都是這樣，即使他們認為自己已經度過了悲傷，實際上卻還有很多情緒必須消化和處理。

在我擔任諮商師長達十年的期間，我經常停下來思索，當人們失去所愛時，為何傷痛的感受如此強烈，以及為何必須做這麼多的努力才能安然度過。這樣的事時時都在發生，我們每個人也都會經歷到，但為什麼它還是這麼痛苦、這麼漫長難熬、這麼影響深遠？

我唯一的答案是，悲傷反映了人與人的關係。通常越是深層與複雜的悲傷，代表兩人的關係越是強烈，不論好或壞。藉由檢視這層關係，探究兩人之間的愛或是複雜糾結的情感，可以幫助我們更加瞭解焦慮從何而來。每個人的悲傷都是獨一無二的，因為關係也是獨一無二的。一對姊妹在父親過世後會出現截然不同的反應，因為她們個別與父親的關係都是不同的。

如果我們沒有探究這些問題與情緒，它們並不會就這樣隨風而逝。舉例來說，如果你沒來得及跟親友好好道別，懊悔、愧疚與悲傷的情緒不會自己消失。我們必須謹慎處理這些感受，有時甚至得找到一個新的方式跟死者道別。

我在芝加哥的喪親者支持團體中，曾經碰到一個讓我印象深刻的案例。這位男士加入我們的團體時，他的妻子已經過世十年了。由於當年他妻子是因為難產而死，他被迫得立刻負起照顧新生兒的責任，多年來他始終壓抑自己的悲傷。加入我們的團體以後，他就像一個封存多年的罐子突然被掀開了蓋子，而當年所有悲傷、震驚與憤怒都還牢牢鎖在罐子裡。

針對這樣的個案，我們首先要做的是幫助他理解焦慮與緩和身體的症狀，然後再去挖掘、處理那些造成焦慮的情緒。為了讓讀者更清楚明白這個過程，接下來我要分享瓊安的故事。她的故事跟我的遭遇有點像，而我之所以要在這裡提及，不僅因為她是典型的喪慟焦慮的例子，也因為在這個個案中所使用的技巧，你將會在本書中都看得到。

瓊安的故事

瓊安來找我進行諮商是在她恐慌發作後一個星期，當時情況嚴重到她還進了急診室。她二十三歲時遭逢喪父之痛，她父親死於一種罕見的癌症。父親過世一年多之後，現在她才開始發現自己的生活受到影響。

瓊安長相甜美，打扮風格以她的年紀來說顯得有些拘謹。她說起話來很有自信，面帶笑容，是個很好相處的女孩。簡言之，你絕對不會想到這樣的女孩竟為焦慮所苦。

第一次諮商時，她描述了恐慌發作時的狀況。當時她正準備開車回家，她在小學擔任助理教師。她陷在車陣中，突然感到一股強烈的暈眩感，緊接而來是心跳加速和呼吸急促。這些身體症狀讓她很害怕，她以為自己心臟病發作，或是腦袋長了腫瘤之類的。她立刻把車子停靠路邊，打電話給她的母親，由母親開車過來載她前往急診室。醫生做了詳細的檢查之後，結論是她的身體沒有什麼大礙，可能只是恐慌發作。

但這樣的說法並沒有減輕瓊安的焦慮，事實上接下來一個星期，她一直處在害怕恐慌再度發作的恐懼中。她甚至沒辦法自己開車來我的診間，而是請她弟弟載她過來。

我問了她幾個問題，以便對她的狀況有更進一步的瞭解。

在第一次恐慌發作之後，是否有再度發作過？或者她只是害怕會再發生？

她說她只是害怕會再發生。

她的睡眠品質是否受到了影響？

是的，不過只在恐慌發作之後；在此之前她的睡眠品質一直不錯。

她父親過世多久了？

一年多。

這是她頭一回感受到焦慮來襲，或者過去也經常為焦慮所苦？

她表示自從父親過世之後，她才開始出現不同程度的焦慮，但這是頭一次出現恐慌發作的症狀。

瓊安一一回答我的問題，她是真心想尋求幫助。自從恐慌發作之後，她就向學校告假，因為她害怕在課堂中又突然發作起來。她想知道這件事是否跟她父親的死有關，於是我問起他父親過世前他們一家的生活。

瓊安一家人住在郊區，父母盡責又充滿愛心，她跟弟弟的感情也很好。在她的成長過程中，父母親一直是最佳良伴，全家人經常一塊兒出遊，也喜歡邀請親朋好友來家裡過節。

瓊安在同儕相處與戀愛時偶爾會有不安全感，不過大致上來說，她的生活無憂無慮。她的父親史蒂芬在她大學期間生病，一開始家人都很震驚。儘管她父親積極接受治療，最終仍舊回天乏術，無法看著女兒大學畢業。

父親的死對全家人的打擊都很深。史蒂芬雖然是忙碌的企業家，但向來與家人關係親密。他總是以瓊安為傲，經常與她談及未來的人生規劃。做父親的跟兒子山姆都熱愛運動和露營；與太太的感情也很甜蜜。父親的死敲碎了一家人未來的願景。

父親過世後這一年間，瓊安繼續研究所學位，並在小學擔任助理教師。弟弟目前正在讀大學，交了一個女朋友。瓊安的母親儘管難掩沮喪與悲傷，仍支撐著這個家。

我詢問瓊安最近是否遭遇什麼變化。她坦言上個月她剛搬離家，獨自住進一戶公寓，而且與男友也剛分手。這似乎是自她父親過世後，她頭一回獨立生活，我問她有何感受。她雙手環抱胸前，眼眶噙著淚水。她說她覺得很脆弱，也從來沒有感到如此孤單過，她坦言這可能是觸發焦慮的原因。接著她忽然坐直身體，望著我。

瓊安難過地說她其實很害怕回到空蕩蕩的公寓。她知道自己的人生有了改變，但這些改變跟她原本想的都不一樣。她一直以為事情會按照計畫進行，取得研究所學位，找份喜愛的工作，結婚生子。但是自從父親過世以後，她的生活似乎失去了方向，她害怕不好的事情隨時會再降臨到她身上。

我同情地看著她，回想起我母親過世後，我也有同樣的感覺。那天下午瓊安離開我的診間之前，我簡短地引導她，讓她知道自己的焦慮是很正常的，並向她解釋遭遇喪親後，出現這些情緒是很常見的，以及焦慮意味著內心有更深層的悲傷需要去處理。為了讓她接下來一個星期好過一些，我提醒她醫生已經清楚說明她的身體並無大礙，就算恐慌再度發作，也只是她的身體對於她的想法和情緒的一種回應。我也告訴她萬一恐慌發作時的因應方法（詳見下述緩解恐慌發作的方法）。

接下來幾次諮商，瓊安和我一起探討了她父親的死對她造成的深遠影響。我們一起面對與處理她眼見父親的身體日漸衰敗所產生的恐懼與憂傷，我們也談到他們父女最後的對話，試著找出是否有任何懊悔或還來不及說出口的話。我們還討論到她覺得自己必須作為母親和弟弟的情感支柱，並為此備感壓力，以及父親走了之後她的生活惶惶不安。

每一週的諮商，除了討論她的生活，我也會給瓊安一些作業，諸如寫作、冥想和運動；想想她對於死後的世界有什麼看法；請她和母親及弟弟談談需要解開的心結。我持續讓瓊安明白她的焦慮是正常的。每回見面我都可以看見她的焦慮程度又減少了一些。她在接受諮商的期間恐慌又發作了兩次，不過都沒有第一次來得嚴重。每回恐慌發作，她都能夠讓自己冷靜下來，迅速度過恐慌來襲。

經過八個月的諮商，瓊安走進我的診間告訴我，她已經準備好結束療程。她表示跟第一次諮商時相比，現在的她已經脫胎換骨，終於能夠對父親的死感到釋懷。她知道她的焦慮源自於沒有好好處理的悲傷，她也不諱言自己還是會感到些許焦慮，但她已經不再因此感到害怕或被困住。

我看著她步出診間，我相信她明白人生雖然無法如她原本預期的那樣，但她已經能夠邁開堅定的步伐迎向新世界。兩年後，我為了這本書寫信給她，希望能夠做些訪談，她立刻回覆：「收到妳的消息真的太不可思議了，因為今天恰巧是我父親四週年的忌日。我現在過得很好，也很感謝妳。我仍然繼續使用妳教我的那些技巧，包括冥想、寫日記和做瑜伽。」

瓊安是喪慟引發突然且強烈的焦慮的一個案例，而她的例子告訴我們，這樣的焦慮絕對是可以克服的。

十個緩解恐慌發作的建議方法：

一、承認並接受你的恐慌。

二、提醒自己，你的健康沒有問題，身體沒有出狀況。

三、深呼吸，讓自己冷靜下來，才能穩定血壓和血氧濃度。

四、專注於當下這一刻。做些能夠讓你感到開心的事：吃片巧克力、跟寵物玩一會兒，或是去洗個澡。做這些事可以幫助你回到當下。

五、打電話給瞭解你狀況的人，告訴對方你感到很焦慮。將焦慮說出來有助於減少腦袋裡的思緒。

六、改變環境。如果你人在外頭，可以走進屋內，找個舒適的地方休息一下。如果你人在室內，可以走到戶外呼吸新鮮空氣。

七、想想可以讓你感到平靜的事物，減緩轉來轉去的焦慮想法。

八、接受你感覺到的所有情緒，帶著好奇心而非恐懼去看待它們。

九、將恐慌發作外化，明白焦慮從何而起。你要知道它們並不代表你。

十、告訴自己恐慌發作很快就會過去，你不會陷在其中，而且你並不孤單。

展開療癒之路

現在你對於焦慮如何作用有了基本的認識，是時候再做深入的探索了。在接下來的篇章中，我們會進一步探討你的悲傷，檢視你所背負的喪慟故事。

在我諮商師的執業生涯中，我發現「說故事」對我們的生活是很有價值的一件事。我們把自己的遭遇和經歷以故事的方式描述出來，以便尋找其中的意義。

可惜的是，我們的社會尚無法提供適當的地方或方法，讓人們總是可以分享彼此的喪慟故事。因此，接下來我將讓你有機會說出你的故事。

往下讀，嘗試書中提到的方法。我希望你也能夠持續監測自己的焦慮程度。我將在每一章的最後提供一個焦慮檢測表，不過你也可以隨時返回第一章，重新閱讀你認為有助於緩解焦慮症狀的段落。

請記得：焦慮不過是反應了我們內在的恐懼或是痛苦的思緒。焦慮是很正常的事。焦慮不代表你。你可以把焦慮當作一個讓你心煩的手足。當焦慮發生時，承認它，向它打聲招呼，告訴自己你不必屈服於它。提醒自己你正踏上尋找焦慮源頭的旅程，並記得在這趟旅程中你並不孤單。

焦慮檢測表

檢視你的焦慮程度。我們對於焦慮已經有了基本認識：它會以什麼方式出現，又是如何出現。理解焦慮是否有助你將自己的感受正常化？

管理焦慮的第一步是瞭解焦慮，你要學會將焦慮的症狀與個人的真實情況分開看待。我們也學到喪慟是引發焦慮的重要原因。

以一到十作為評分標準（十代表焦慮程度最高），你覺得你現在的焦慮有幾分？

1　2　3　4　5　6　7　8　9　10

你目前有以下哪些症狀？

□恐慌發作

□失眠

□噁心

□頭暈

□心跳加速／心悸

□過度憂慮

□憂鬱症

接下來幾章我們將學習如何減輕與管理這些症狀，也歡迎你隨時返回本章檢視有效緩解恐慌發作的方法。

第二章

喪慟是什麼？

你永遠都會感到悲傷。你無法從失去所愛的人的傷痛中「復原」；你必須學會與悲傷共處。你會好的，你會從失去的創傷中重建自己。你會再度完整起來。但是你已經不一樣了。你不再是從前的你，你也不會想成為從前的你。

——伊麗莎白．庫伯勒羅斯

本章我們將要來看看喪慟這件事，因為在失去所愛的人以後，我們之所以經歷焦慮正是因為我們沒有好好面對我們的喪慟，或是沒有適當處理這樣的喪慟。因此，深呼吸，敞開心胸接受一個事實：或許你並未好好的悲傷，好好的難過一場。讓我們一起來看看喪慟的真正模樣。★

每位案主來到我的診間，放下心防坐在診療椅上之後，第一件想知道的事情就是他們的悲傷到底適不適當或對不對。他們往往無法相信悲傷的程度竟然比原本想像的還要大、還要強烈，而且影響層面更廣。

若沒有遭遇過喪親之痛，我們很難想像那會有多麼讓人心碎。而當我們真的處在那樣的巨大悲傷中，才會發現這趟情緒之旅比我們想的還要折磨人。

悲傷會讓你覺得自己就快要瘋了。悲傷也會帶來身體症狀。悲傷會讓你變得糊塗、健忘、焦慮與生氣。悲傷也會讓你癱坐在廚房地板上，或是讓你夜不成眠。

正是因為這些不同的反應與症狀，使得悲傷常常被誤解。有數不清的案主跟我說，他們擔心自己「做得不對」。而我告訴他們，沒有所謂悲傷的正確方式；我在我的每本著作與每場演講中都這麼告訴讀者和聽眾。我們想要找到一個完美的公式用來度過悲傷，一個走出這場痛苦煎熬的快速方法，可惜並沒有這樣的方法。

★編按：本書中grief一詞有時譯作「喪慟」，特別指因喪親而產生的情緒；有時譯作「悲傷」，泛指因失去而生的失落感受及整個情緒歷程。

我同事米勒醫生（Dr. B.J. Miller），同時也是禪修善終服務計畫（Zen Hospice Project）前總監以及加州大學舊金山分校醫學中心的安寧與舒緩醫療專科醫生，他對於悲傷有一套見解，本書亦將加以引用。米勒就讀大二時，在一場意外中失去雙腿和一隻手。他以自身經歷化為動力，成為一名醫師幫助更多的人。他說：

我認為在我們的文化中，悲傷這種情緒之所以發育不良，和情緒的真實度有關。舉例來說，我見過不少憤怒的人，他們很氣自己或是感到罪惡。然而一旦你打開了他們的心門，你會看到他們其實很悲傷。這是因為我們的社會不善於處理悲傷。我們不鼓勵悲傷，也不留空間給它。

我想這表示我們的社會還很年輕。在古老的文化中，他們對悲傷的處理方式好很多。有些地方會給人們半年到一年的哀悼期（grieving period），他們不會要求你太多，你甚至可以穿不同的服飾讓別人知道你正在哀悼。對此我深有所感。我們的社會則要求我們兩個星期內就重返生活軌道，這不但不可能，也是不尊重人的做法。

悲傷就像是一道窗口，透過它你可以感受到關懷，你可以建立與逝者的連結，再繼續往前走。但我們的社會把這個窗口關了起來，這不僅令人難過，也顯示我們不夠成熟。

我們不用去妨礙悲傷的歷程，也可以找到許多方式療癒悲傷。正如庫伯勒羅斯醫師所說，你無法從失去所愛的傷痛中**復原**，但你**可以**學會如何在沒有他們的世界中生活，你可以找到成長的方法。但是在此之前，你必須瞭解悲傷的歷程。

傳統的悲傷五階段

一九六九年，瑞士籍醫師伊麗莎白．庫伯勒羅斯提出了「悲傷五階段」的理論，直到今日這個理論模式仍然為多數經歷喪親的人們所採用。近幾十年來，儘管也有不少與悲傷相關的理論應運而生，不過庫伯勒羅斯醫師提出的悲傷五階段——否認、憤怒、討價還價、沮喪、接受——已經深植於我們的文化中。

庫伯勒羅斯醫師的悲傷五階段理論

- 否認：這麼做可以幫助我們挺過失去所帶來的各種情緒衝擊。麻木、震驚、否認有助我們應付剛開始幾週、甚至幾個月的生活。心力交瘁、覺得生命失去意義是很常見的感覺。最終其他情緒也會一一浮現。
- 憤怒：憤怒是一種帶有力量的強烈情緒，表現出我們的真實感受以及內心深層的苦痛。常見的形式是對家人、沒能來參加喪禮的人或醫護人員亂發脾氣。請注意自己如何表達怒氣，選擇健康的方式加以宣洩。
- 討價還價：在這個階段，你會發現你不斷與更高的力量（上帝）或自己討價還價，試著找到減輕痛苦的方式。「假如……」的問題時時盤據腦海，你想要回到過去。這個階段通常較短，或在整個悲傷的歷程中反覆出現。
- 沮喪：接下來你會發現自己真實面對失去與失落。強烈的難受與空虛感襲來。你失去希望，不知道該如何繼續走下去。這些都是正常與自然的情緒反應。有些人需要更多的支持與協助才有辦法度過這個階段；有些人則是自然地通過這個階段。

- 接受：在最後的這個階段，你終於接受失去的事實。面對喪親之痛，你從來不會好過，但是你知道你必須接受沒有對方的生活，擁抱「新的正常」。或許傷痛永遠都在，但你可以學會勇敢走下去。

焦慮：消失的階段

繼悲傷五階段的理論之後，醫學界提出了許多其他關於悲傷的理論。其中湯瑪斯．安提格（Thomas Attig）和威廉．沃登（J. William Worden）的主張跳脫傳統的悲傷五階段論，本書也會加以整合討論。但是由於庫伯勒羅斯醫師的理論深植人心，所以我把**焦慮**稱為「消失」的階段。

庫伯勒羅斯醫師的理論當初是要用在**臨終病患**身上，而非**悲傷**的患者。撰寫這套理論之際，她在芝加哥的醫院任職，致力於喚起更多人對臨終照護的重視。透過親身接觸與訪談，她觀察到絕大多數病患在得知末期診斷時，都會經歷一段過程。

首先他們會否認，接著變得憤怒，之後則是開始討價還價，不論與自己或上帝，甚至是醫護人員。當他們知道這麼做並無法改變診斷結果時，他們會陷入沮喪。而多數病患最後都會接受事實。

這聽起來很合理，對吧？我也一直這麼認為，尤其後來從事臨終關懷，親眼目睹許多臨終病患經歷這些過程。然而，隨著這套理論越來越盛行，它也被應用到悲傷的歷程，事情看起來就有點扭曲：幾乎每個前來尋求諮商的案主都對於他們所經歷的悲傷歷程感到焦慮又困惑。

事實上，眾所周知的五階段理論並不適用在悲傷的人身上。庫伯勒羅斯醫師後來說過，她對於自己的理論引起誤解感到遺憾，她也解釋說這五個階段未必是線性的或可預測的發展。但已經太遲了，這套理論廣為流傳，被西方文化廣泛採用。即使到了今天，五階段理論依然隨處可見，舉凡深夜電視節目用來取笑新科議員，甚或媒體社論中談到家庭主婦如何戒酒。

在此我要討論「消失的階段」，主要目的是修正而非打破五階段理論。這五個階段是多數案主的參考判斷指標，我希望從大家都熟悉的觀點切入。

喪慟，或者說極度的悲傷，是我們每個人最痛苦的經驗。它無法輕易被量化或定義。說得更精準一些，它是我們失去所愛的人之後所感受到的一連串情緒。

我們很難過、很生氣、很沮喪、不願意相信，而焦慮則是其中最顯著的一種情緒。

面對重大的失去，我們自然會經歷不同程度的焦慮。多數時候我們都以為一切會依照我們的預期進行。而儘管悲傷的情緒千古不變，但是我們看待死亡的方式已經有所不同。由於醫藥、科學與科技的進步，過去一個世紀以來人類的平均壽命延長不少，多數人認為自己可以活到八九十歲；難產與孩子因為各種疾病喪生的比例也降低許多。

這些進展很棒，然而結果卻是我們越來越少面對死亡，也越來越不習慣面對死亡，因此我們越來越不擅長處理悲傷。死亡變得非常醫療化，現在絕大多數的人都是在醫院或養護所過世，而非在自家。儘管相較於以往我們對悲傷的心理層面有更多的認識，然而我們身處的社會卻仍視死亡為畏途，使得面臨喪慟而感到孤立成為一種系統性的問題。

由於喪慟讓人如此痛苦，我們往往需要更多私人空間，尋求心理諮商與閱讀治療。一般而言，我們不會知道周遭的人如何度過情緒低潮，因此當我們自己遭遇失去時，我們常常覺得沒有角色範本可以教我們如何悲傷，對悲傷的歷程也沒有具體的概念。

庫伯勒羅斯醫師在《當綠葉緩緩落下》（*On Grief and Grieving*）一書中談到沮喪的情緒：「我們應該把它視為一個訪客，或許是個不速之客，但不論你願意與否，它都會來造訪。給它一個地方容身。邀請它跟你一起拉張椅子坐在壁爐前，而不是逃避它。」我認為這段話完全可以套用在悲傷上。我從未見過誰在失去所愛以後，能夠跳過悲傷的歷程。即使是那些試圖壓抑悲傷或想要迅速越過這個過程的人，到頭來也都會發現悲傷一直都在，除非你好好處理它。

多數人都會強迫自己要盡快度過悲傷，重返正常生活。喪慟焦慮經常就是來自於壓抑或逃避失去親人後所感受到的強烈情緒。儘管悲傷令人難受，我們還是得經歷它。除非我們正視悲傷，否則悲傷不會消失。悲傷有自己的時間表和計畫，你越是想要甩開它，它越是牢牢抓住你。

焦慮就是這樣產生的。我認為焦慮的來源有三個。其一是我們試圖推開或壓抑悲傷的歷程，使得悲傷的情緒未解，內在的壓力以焦慮的形成湧現。其二是伴隨悲傷而來的對於生命和存在的不確定感。其三則是來自死亡本身，在某些個案中，目睹或聽聞親人死去會造成很大的創傷。

正如我在本章開頭所言，我不認為悲傷五階段理論適合所有人。它可以是一種參考或是一個可能的架構，但這些階段不是固定的，而是不斷變化的。為了幫助讀者理解，我把焦慮在悲傷歷程中的位置標示如下。

否認

憤怒

討價還價↓焦慮

沮喪

接受

焦慮出現在憤怒之後、沮喪之前，或是伴隨著沮喪出現。我認為討價還價也算是悲傷歷程的一部分，原因和希望與幻想有關。儘管我們鮮少見到悲傷的人會跟自己或是上帝討價還價，希望逝者能夠死而復生，然而我們確實可以看到他們但願生活可以跟以前一樣，或是自己能夠安然經歷悲傷。

不過這種幻想只是悲傷歷程的一小片段。在憤怒之後，相較於討價還價，焦慮是更為普遍的情緒。因此我把焦慮放在否認和憤怒之後，而在沮喪與接受之前。

失去所愛的人讓我們感到震驚，而且想要加以否認，即使對方生病很長一段時間了，但真正的死亡還是令人害怕，在接受事實之前我們會經歷一段否認期。

憤怒、焦慮和沮喪的情緒是交錯的，並非線性的流程。有些人可能從未感到憤怒，就算有的話往往也是隱藏在痛苦與憂傷之下，所以它通常早於沮喪的情緒。憤怒是擺脫憂傷最快的方式，畢竟發脾氣總是比忍受痛苦容易得多。

有些人會覺得怒氣突然就湧上來，不論是對自己、對醫生護士，甚至是對死去的人。我常在男性案主身上看到這種怒氣，因為我們的文化比較能夠接受男性展現憤怒，而非恐懼或悲傷這類脆弱的情緒。更不用說，憤怒可以掩飾痛苦。

在本書中，你會看到許多人在悲傷的歷程中如何克服他們自己的怒氣，而這免不了與焦慮的程度有關。憤怒是表達挫折的一種方式，而沒有什麼比失控的感覺更令人受挫的。

當憤怒平息以後，或者當我們找出隱藏在憤怒底下的情緒，我們就得面對失去的事實。我們失去珍愛的人，我們的世界永遠改變了。這個時候就換焦慮準備登場了。我們終於肯認清現實，而且這個現實很折磨人。失去所愛讓我們感到恐懼。我們對於正在經歷的痛苦感到害怕。我們害怕其他壞事會接踵而至。我們漂流在不安與焦慮的汪洋中。

沮喪會伴隨焦慮出現，它們總是形影不離。面對未知的生活，沮喪感襲捲而來，而我們必須泳渡這片浪潮。沮喪之後，你會陷入焦慮，它們交織成一波波大浪。

但這些情緒就只是情緒，它們不會一直存在。我們在這些情緒間來來回回，釋放它們，或者又回到某些情緒，抑或停留在某個情緒一段時間，然後在某個情緒中找到意義。接受的階段則是擁抱新的正常。這並不表示你已經從失去中復原，如同庫伯勒羅斯醫師所說，我們無法從失去所愛的傷痛中復原，但是我們可以學著與它共存，就像適應任何身體的變化一樣。我們還是可以返回正常生活，重新找到生命的意義與目的。這才是真正的「接受」。

對有些人而言，即使走到了接受這個階段，依然會不斷經歷沮喪或焦慮的情緒。這是很正常的事。重點不在於擺脫這些情緒，而是學習如何管理這些情緒，不讓它們掌控我們的生活。

其他的悲傷模式

威廉．沃登醫師在其著作《悲傷輔導與悲傷治療》（*Grief Counseling and Grief Therapy*）中提出悲傷的四項任務（tasks of grieving，請注意是**任務**而非**階段**）。他表示這四個任務不用依序發生，但是為了度過悲傷歷程，這些任務必須一一完成。

威廉．沃登醫師的悲傷四任務

- **任務一、接受失去的事實**

  療癒始於接受失去的事實。這不代表你已經覺得沒有關係，而是及早面對它。舉辦喪禮或是紀念儀式，或是前往墓園哀悼，都是接受的重要方式。

- **任務二、經驗悲傷與痛苦**

  每個人都有獨特的悲傷歷程，每個人的情緒也都不同。重點是採取行動處理悲傷，舉例來說，以逝者之名設立獎助學金、投入其他嗜好，或是參加支持團體。採取行動是讓我們度過痛苦，而非逃避它。

- **任務三、重新適應沒有對方的生活**

第三個任務要我們適應改變之後的新生活。每個人的處理方式不同，有些人會清掉逝者的東西，或是改變原本週末與逝者一起去看電影的習慣。其他重大調整，諸如財務規畫或孩子的教養問題，都是必須面對的現實。這也是適應新世界的方式。

- **任務四、重建與逝者的連結**

沃登原先的理論是希望喪慟者能夠抽離與逝者的連結，把情緒轉移到其他事物上。不過他後來修正說法：當喪慟者能夠重新找到與逝者的連結，將會得到最大的療癒與平靜。這意味著我們可以把對逝者的回憶融入日常生活，依循傳統方式紀念、說故事回憶過往，甚或談談逝者重視的價值。

相較於庫伯勒羅斯和沃登醫師，湯瑪斯・安提格醫師讓我們以些微不同的歷程來看待悲傷，不過建議的方式差不多。他在著作《如何悲傷：重新學習我們身處的世界》（*How We Grieve: Relearning the World*）中將悲傷的歷程分成幾個改變，有助於我們重新思考。

湯瑪斯．安提格的悲傷歷程

一、現實世界的改變

在這個階段我們必須處理現實環境的改變。我們必須檢視失去對生活造成的影響，諸如居住空間、工作、財務和身體健康。

二、與其他人關係的改變

在這個階段我們必須明白失去某個人以後，我們與其他人的關係會有什麼樣的改變。舉例來說，父親過世後，你跟母親之間的關係一定會有所改變，或是失去孩子一定會影響夫妻關係。面對這些改變，調適新的角色，是療癒所不可或缺的。

三、對於時間的看法改變

安提格醫師鼓勵我們檢視對時間（過去、現在與未來）的看法：失去所愛以後，我們目前的生活看起來如何？這件事對我們看待生命安排與未來的方式會有重大影響。

四、靈性信仰的改變

評估或重新審視我們的靈性基礎也是悲傷歷程的一個重要部分。當所愛的人死去後，我們自然會重思我們的信仰與生命的意義。

五、與逝者關係的改變

探討我們與逝者的關係；不僅要思考我們與對方生前的關係，包括他對我們的影響，也要能夠重建與逝者的連結。

六、自我認同的改變

歷經喪慟會改變我們的自我認同。檢視這些改變，接受並擁抱自我，是邁向療癒及接受的過程。

這些不同的理論都包括了悲傷歷程的幾個要件。它們提及了我們可以做的事，以及度過這些階段的方法，儘管或有重複但都充滿意義。我把這些建議應用在許多案主身上，也希望讀者能夠跟著本書一起練習。

悲傷看起來是什麼模樣？

談論要怎麼面對與處理悲傷是很重要的一件事，但悲傷看起來究竟是什麼模樣？悲傷的歷程因人而異，所以我無法明白告訴你，你的悲傷會是如何，但是我可以分享悲傷歷程中普遍會出現的反應。

麻木。一開始你可能沒有任何感覺或無動於衷。你彷彿隔著玻璃窗看著一齣生活劇上演，或是覺得自己置身在走不出來的幻影中。很多案主剛來找我時都說他們對一切毫無感覺。這很正常。情緒最終會爆發出來，有時候我們的大腦需要一點時間才能趕上現實的變化。

許多人提到他們在喪禮上或紀念儀式中哭不出來，而認為自己是不是哪裡有問題，但這其實是很常見的反應。

健忘。不少案主形容說他們覺得自己像是置身在迷霧中。這種感覺不同於麻木，同時也會伴隨其他情緒出現。他們表示在失去所愛的人以後，他們會變得很健忘，記不得昨天做了什麼、車鑰匙放在哪裡，甚或十分鐘前誰剛打電話過來。這也是很正常的反應，畢竟悲傷占據了大腦太多空間，我們很難像以前一樣好好思考。

哭泣。你會沒來由的哭泣，甚至哭到癱坐在地板上。這是正常的，就讓淚水宣洩而出。哭泣是釋放壓力的好方法；你的身體背負著許多情緒，哭泣是一種療癒。不要害怕哭泣。許多案主告訴我，他們常常會壓抑想哭的念頭，因為害怕淚水一旦決堤，就會一發不可收拾。我向他們保證哭泣一定會停止的。當你允許自己哭泣，情緒的浪潮湧上來讓你無法抵擋，但等你哭夠了，浪潮退去，儘管你會覺得疲憊不堪，但也會輕鬆許多。

覺得自己快要瘋了。有時候你會覺得自己好像要發瘋了，根本不像平常的自己。感覺像是漂流在廣闊的海面上，隨時都會遇上意外的激流。這種感覺同樣十分正常。這時候你可以做些讓自己回復平靜的事情。去散個步、泡個澡或是打電話跟朋友聊聊天。

沮喪、**憤怒**、**發脾氣**。這些都是悲傷時很常見的反應。你累積了許多情緒，一點小事就會讓你爆發。許多案主告訴我他們會突然對店員或是郵差發脾氣。雖然我不想要為衝突找任何藉口，但可以預期有擦槍走火的可能。如果你發現自己怒氣升高，請深呼吸，提醒自己你正在悲傷，所有事情可能都會被放大。

焦慮。焦慮會以各種形式出現，像是恐慌發作、廣泛性焦慮症、社交恐懼、擔憂自己的身體健康或是周遭人的生活。同樣的，這也是悲傷的正常反應，本書後面將深入討論。

對什麼都提不起勁、絕望、憂鬱。不論身體或心理都覺得有氣無力的，即便像是採買雜貨這類再簡單不過的日常瑣事，都會讓你精疲力竭。你可能大白天也會感到昏昏欲睡，待在家裡的時間也變多了。這些都很正常，沒關係。

你或許也不像從前那樣投入社交生活，甚至會有段時間不想跟朋友或社交圈聯繫。你覺得周遭的人都無法瞭解你，而這只會讓你更加退縮，感到孤單無助。尋求支持團體，或是和可以體會你的感受的人聊聊。你也可以跟朋友解釋自己的狀況，表達你希望在自己對於悲傷能夠處理得更好以後再與他們見面。

儘管在憂鬱的浪潮裡感到絕望是很正常的事，但是對於以下徵兆仍必須特別留意。如果你覺得自己孤立無援，甚或出現自殺的念頭，請務必尋求專業的協助。有許多悲傷諮商師或治療師可以幫助你。

重度憂鬱的症狀

- 失眠或嗜睡
- 覺得一切都沒有希望
- 出現自殺的念頭
- 酗酒或藥物濫用
- 沒有食慾
- 社交退縮
- 強烈的絕望感

雖然這些症狀可能與你經歷的悲傷歷程有些類似，但若情況嚴重，特別是出現自殺念頭，建議尋找專業協助。可翻閱書後的參考資料。

以上是悲傷最常見的反應，但切記，悲傷歷程因人而異。或許你會經歷所有這些狀況，也可能只有其中一兩項；也可能你會先出現某些症狀，接著是其他症狀，或者同時發生。這些悲傷的反應都很正常，你並不孤單。不論這些情緒從何而來，與它們好好共處是度過悲傷的關鍵。

「死亡」對我們的影響

死亡以什麼樣的方式降臨，對我們的悲傷歷程有深遠影響。或許你所愛的人是遭逢意外過世，也可能是久病後離世，不一樣的離別方式會對我們的心理造成不同影響。

多數時候，對臨終者和陪伴者來說，面對死亡都不是一件容易的事，但有些死亡的確比較平靜與安詳。來不及好好道別會讓人留下難以抹滅的傷痛。此外，我們的大腦和內心需要花更多時間去接受因為意外或暴力而造成的死亡。這兩種遭遇都會反應在悲傷歷程上。

我的雙親都死於癌症，再加上我在安寧院所工作的經驗，所以我親眼目睹許多人面臨親友因病過世的喪慟。這樣的告別有其獨特之處，因為陪伴者往往照顧了病患好幾個月、甚至幾年。從某個角度來看，這樣的死亡是可以預期的，我們也因此有機會可以好好說再見。但事實並不總是如此，有時候即便我們明知對方即將離世，我們還是不願意接受，而臨終者同樣會不願意接受。

我父母面對死亡的態度非常不同，所以他們的死對我造成的影響也不同。我母親即使到了臨終仍不願意接受生命即將結束的事實，這意味著我也是如此。因此，就算她已經臥病在床多年，但她離開的消息依然令我難以接受。我的悲傷歷程十分漫長，對於無法陪伴她嚥下最後一口氣讓我感到愧疚與懊悔。

相對的，父親的離去對我來說較為容易接受，因為他坦然面對生命的終點，並且幫助我以同樣的態度看待死亡。在他死前，我們互訴了許多心裡想要說的話。相較於母親的離世，父親的死讓我覺得釋懷與平靜得多。

陪伴父親面對死亡的過程，讓我決定踏上臨終關懷這條路。支持與鼓勵臨終者及家屬以平和的方式經歷死亡，一直是我的職業生涯中最有意義的部分。

但是有些人根本沒機會以平和的方式面對死亡——死亡可能是意外降臨或暴力造成，讓人沒有足夠的時間去接受它。我的工作有很大一部分是陪伴案主度過喪慟的罪惡感與懊悔，第四章將會有更進一步的說明。

事實上，各種關係的結局往往不是我們所預期的。我有許多案主的親友是因自殺或意外而身亡，這樣的死亡方式往往給在世的人留下很深的心理創傷。在這類案例中有許多未解的問題，質疑、罪惡感、憤怒和困惑會潛進悲傷的歷程。

當我們沒有機會與逝者好好說再見，或是覺得與逝者之間有許多問題沒有解決，那麼悲傷的歷程會因此拉得更長，造成更大的不安全感。有許多方式可以克服這些揮之不去的影響，不過有時候得採取較密集的諮商治療才能釐清問題。解決內在的憤怒與懊悔、尋求諒解，甚至是重建與逝者的連結，將是本書的重點，之後的章節會再多加著墨。

米勒醫生談「善終」

我相信有善終。有趣的是，我聽到有些從事安寧緩和醫療的人說：「根本就沒有善終！」但人總有一死，為何不該選擇讓自己好走呢？

有時候我們所謂的「好走」，不過是一種相對的說法。這世上當然有善終；有些人已經做好面對死亡的準備，也確實想要赴死。所以說人都怕死、死是不好的、死是我們不想要的，倒也不全然正確。

我的確相信死亡可以是好的，也可以是不好的。對我而言，重點不在於尋找客觀標準，而是回到人的身上。也就是說，死亡是符合一個人對自己的看法，死亡是一個人發揮生命走到終點。

當然，走到生命的盡頭時，一個人可能會看淡生死或轉變心態——

這種事有可能發生，但無法強求。更常發生的情況是家庭關係會因此起波瀾。死亡的問題就像是朝悶燒的火堆潑灑汽油，你難以期待家人之間可以達到每個人都歡喜的和解。但你可以創造這樣的和解。你可以做出這樣的和解。

困難就在於如果無法達成這樣的和解時，該怎麼辦。這正是為什麼很難談論什麼是善終，或可以如何面對死亡，因為一旦不小心，我們會讓人們覺得自己好像做錯了或失敗了。倘若一個人覺得自己生活不好過，這也不對、那也不對，現在他可能甚至會覺得自己連死這件事都搞不定。這種感覺會出現在照顧者或親友身上，他們會覺得「我辜負了對方，無法讓他走得安心」。而這對悲傷治療將是最大的阻礙。

悲傷會持續多久？

這是我經常被問到的問題，而這個問題並沒有簡單的答案。有些人的悲傷歷程簡短迅速，很快就度過悲傷的各種階段，一年之內就經歷了各種強烈的情緒。

但對有些人來說，悲傷會持續一輩子。

悲傷會持續多久取決於幾個因素，而且因人而異。我從來不會比較各種喪慟的原因，例如說失去伴侶的人和失去父母的人誰比較悲傷，這樣的比較一點意義也沒有。不過我的確相信不同的失去會影響悲傷的時間長短。

個性也很重要。有些個性內斂的人自然情緒比較強烈，而這會影響悲傷的時間。那些總是充滿精力且積極進取的人，自然對於情緒會更快釋放。

有時候悲傷會在你自以為已經平復後又再度出現，以無預警的方式讓你再度嘗到苦澀。二度喪親或是人生面臨重大改變時，也會帶出過去的悲傷。我的一位案主在喪子七年後與丈夫離異，她發現自己的悲傷又全部回來了。這種情況也會出現在家中接二連三有人過世時，例如有位案主的老父親過世後一年，他的哥哥也跟著離開人世。

我們的文化要我們相信悲傷這段歷程只要幾個星期或幾個月就夠了。一般工作的喪假有限，甚至親友也都敦促我們應該盡快**平復**傷痛，但這往往不符實際的悲傷體驗。臨床上，當一個人在喪親之後半年內反覆出現悲傷的症狀，或是不斷想著死去的人，他就會被診斷為「複雜性悲傷」（complicated grief）★。身為諮商

★編按：所謂「複雜性」（complicated）指的是：干擾了自然痊癒的各種因素，這些因素與個人特質、死亡事件、死亡事件後發生的事情有關。具有複雜性悲傷的人知道所愛的人已經走了，但是他們無法相信；他們停留在事件當下，無法跟著時間前進。

師，我鎮日與飽受悲傷所苦的案主相處，他們幾乎都符合上述症狀，我認為任何悲傷都可以說是複雜性悲傷。

我認為持續感到悲傷以及不斷想起逝去的人，即便是在死亡事件過後幾個月、甚至幾年，都是再正常不過的事。當悲傷的想法和情緒妨礙了一個人的正常運作，當然就需要外力介入，但我相信悲傷的時間比臨床建議的來得長是完全可以理解與接受的事。

我要再次強調，我從未見過誰在失去所愛之後不會出現悲傷的情緒。即使是那些把情緒推開或認為自己可以掌控情緒的人，或是克制情緒而如常過著生活的人，往往也會發現悲傷出其不意地出現，要求他們去面對與處理。

因此，每當有人問我悲傷會持續多久時，我通常會把他面對悲傷的方式納入考量，以便對個案的悲傷歷程有概括的理解。如果他真的願意好好面對傷痛，不論是哭訴、談論或承認自己的悲傷，我相信他會更快度過最難熬的階段。

總歸一句話，悲傷沒有固定的時間表，完全取決於個人經驗，以及當事人與逝者之間的關係。

當你翻開這本書，你就已經在面對你的悲傷，慢慢走出緊緊纏著你的強烈情緒。而面對你的悲傷，就等於是在處理你的焦慮。

檢測你的悲傷歷程

在你繼續往下閱讀之前，我要你問問自己幾個簡單的問題，瞭解你目前處在悲傷的哪個階段。把你的答案記錄下來，或是跟治療師、值得信賴的好友談談。

一、你覺得自己有沒有好好悲傷？如果沒有，花點時間，根據本章的線索，找出你覺得自己需要去面對與處理的部分。

二、你覺得自己是否陷在某種情緒中特別久？舉例來說，你是不是一直很憤怒，或是經常感到憂鬱沮喪？接受悲傷的各種情緒，才能通過這段歷程。

三、是否有什麼事情阻礙你走過悲傷的歷程？或許某種情緒讓你覺得不對？或是你對某件與逝者有關的事物感到很愧疚？

四、你覺得你需要更多的支持才能度過悲傷？若是如此，你可以考慮尋求當地的支持團體或是治療師的協助。

在進入下一章之前，我想重申的是，你必須尊重且好好走過你的悲傷歷程，才能緩解你的焦慮。讓你自己好好經歷每一種情緒，走過每一個階段，度過每一個時期，為自己營造一個有益的環境，而這反過來會幫助你走出悲傷。

焦慮檢測表

截至目前為止，你對焦慮已經有了基本認識，也明白悲傷與焦慮如何相互影響。焦慮不會立刻消失，但只要你願意改變，它會明顯降低。請回答下列問題，持續關注逐漸減輕的焦慮。

以一到十作為評分標準（十代表焦慮程度最高），你覺得你現在的焦慮有幾分？

1 2 3 4 5 6 7 8 9 10

你目前有以下哪些症狀？

□恐慌發作

□失眠

□噁心
□頭暈
□心跳加速／心悸
□過度憂慮
□憂鬱症

下一章我們要開始探討並分享你的喪慟故事，這麼做有助於減輕你的負擔與孤立感。你將會學到如何分析你的故事，並思考哪個部分會造成傷害、哪個部分有助於療癒。我們的目的是舒緩悲傷在你內心累積的壓力。記住，你越是想要推開悲傷，焦慮就會越來越強烈。

第三章

認識你自己的喪慟故事

我們靠著說故事活下來。

——瓊・迪迪安 Joan Didion

你的喪慟故事是什麼？如果你和我那些案主一樣，隨身都攜帶著失去所愛的故事，那麼它將會比任何你曾經提過的行李還要沉重。這個故事如影隨形跟著你。它是你生命中最重要的故事，它讓你成為現在的你。

我們有些人會把自己的故事埋在心底，有些人則覺得有必要與任何願意傾聽的人一塊兒分享。不論是哪一種情況，這些故事活在我們心中，它們需要被聽見。

每當我與案主第一次見面時，我會給他們時間訴說他們的故事，因為他們常常沒有機會可以好好這麼做。這個故事打從一開始就讓他們備感煎熬，終於能夠一吐為快時，多數人都會有鬆了一口氣的感覺。能夠把自己的故事說出來，對於治療過程有莫大幫助，也總是能夠減輕焦慮。

根據我的諮商經驗，我發現喪慟焦慮的主因往往在於我們沒有好好檢視自己的故事。有些人之所以壓抑自己的故事，單純是因為找不到出口，有些人則是害怕這麼做會讓自己更痛苦。臨床上我們稱之為「悲傷迴避」（grief avoidance），想要避免直接面對失去的傷痛是很正常也很普遍的反應。

然而，壓抑會讓我們喪失進一步探討故事、解開故事、瞭解故事，以及幫它找到一個安身之處的機會。當我們有辦法客觀地去訴說自己的故事，我們才能夠以不同的方式去看待這個故事如何影響或傷害我們。

我與事業夥伴荷波．艾德蔓（Hope Edelman）共同經營了幾個悲傷治療中心，主要是針對喪母的個案；荷波同時也是暢銷書《失去母親的女兒》（*Motherless Daughters*）的作者。一般而言，為期四天的療程，開場便是故事見證，由喪母的二十五位女士向其他人娓娓道出自己失去母親的故事。若說這是一個深具療效的經驗，確實不為過。當中有些人從未跟別人分享過她們的故事；許多人甚至從未認識其他同樣喪母的女性。

對她們而言，能夠向在場其他二十幾位可以深刻體會她們痛苦的女性吐露自己的故事，非常具有撫慰效果。荷波跟我都認為這是療程中最重要的部分。一旦這群女士願意敞開心房分享她們的故事，並且覺得自己被瞭解了，她們將更能夠面對與處理失去母親的悲傷。

為了本書我特別請教荷波關於說故事的力量，你將在此讀到她的許多洞見。荷波十七歲時，她母親罹患乳癌過世，這個經驗讓她成年後深受悲傷與焦慮的情緒困擾。她在快三十歲時寫了《失去母親的女兒》這本書，內容描述失去母親對於女性造成的深遠影響。而我是在二十歲時讀到這本書，它對我的療癒過程意義重大。

在這一章，我會幫助你把你的喪慟故事具體說出來，並且加以分析探究。這些故事就像存在我們身體裡的一個生命。就算你沒有把它說出來，你還是時時背負著它。所以很重要的是，我們必須替它找到一個出口；在明亮的光線下看看它，與別人分享它，幫助它找到喘息的空間，也讓我們自己得以喘息。

什麼是「說故事」？

說故事是人類最古老的溝通方式。它是我們傳承與保存歷史的方式。說故事也是我們認識自己與認識世界最基本的一種方式。

即使你不認為自己生來就是會說故事人，你還是得承認你天生具有說故事的能力。想想你都是怎麼跟別人說你與另一半相遇的故事、你怎麼會領養你的狗，或是你人生中買的第一輛車。我們總是有說不完的故事，只不過現在故事換成了失去了生命中最重要的人。

一開始，喪慟的人往往訴說著死亡的故事；或許是對方最初生了什麼病，或是導致意外或自殺的一連串事件。我的工作很大一部分就是提供案主們一個充滿同情與安全的地方，讓他們可以盡情述說與逝者最後幾個月相處時所發生的一切。

當我們距離死亡事件越遠，我們的描述範圍會越來越廣；不過根據我的經驗，處於喪親第一年或第二年的人，還是會近距離描述導致死亡的種種細節。他們會告訴我母親第一次發現腫瘤的日期、她看診的醫生的名字、她吃的藥和做過的手術，以及接踵而來發生的大小事。尤其逝者在世最後幾天的痛苦經歷更是歷歷在目，最後他們總是會搖搖頭，表示不敢相信這一切會發生。

在剛開始說故事的時候，每個看似微不足道的時刻都顯得很重要。這些時刻有助我們理解這件可怕的事情如何發生。許多案主的腦海中一再重現這些細節，他們想要釐清到底發生了什麼事，有時候他們這麼做是懷抱著希望，以後假如可以找到失落的拼圖，或許有可能可以改變結果。（這種希望奇蹟發生的想法通常出現在「討價還價」的階段。）

即便我們永遠無法改變結果，但是當我們說出故事時，就是一種理解與接受的方式。帶著這些沉重的回憶過日子是很辛苦的一件事。可惜的是，這些內在的故事往往沒有太多明顯的出口。就算我們想要抒發，但一篇臉書貼文並無法交代細節，跟老友的晚餐敘舊也說不清楚。儘管如此，把故事說出來的衝動還是在那裡，所以我們必須尋求健康與適當的管道加以分享。沒有說出來，焦慮會不斷滋長。

荷波．艾德蔓提到，「不幸的是，對我來說，自從母親過世以後，沉默之幕就降下。關於悲傷，我得到的訊息是：**我們不會說這種事。我們必須盡快克服它。這種事會讓別人不好過，所以我們不談它。**我想這就是導致焦慮的原因。這些訊息就像是蓋在熱水壺上面的蓋子。」

學習如何將喪慟的經驗說出來是很重要的一件事。如果我們把它當成一個故事來看，故事會有開場、中段和結局。故事的開頭是場景設定，把聽者帶入你所要描述的世界。故事的中段通常包含了各種行動和衝突，主角面對挑戰並克服挑戰；有時候他成功了，有時候也會失敗。故事的結尾則是決心和決定。

喪慟的故事也必須包含這些元素。以我自己的故事為例，一開始是我的雙親同時罹癌。在敘述時，我會先說父母跟我當時的年紀、我們住在哪裡，以及確診後我們的生活起了什麼變化。故事中段則包含我爸媽接受治療的期間所發生的一切起伏，我們經歷的恐懼、悲傷及困惑，以及各種情緒反應和各種處理方式。故事的高潮則是我雙親先後過世。故事的結尾則是雙親離開以後我的生活變成什麼樣子，以及我如何能夠繼續往前走。

這樣的故事結構對你來說應該不陌生。很多小說、電影以及你在描述自己的經歷時都會如此。我們會以生命中最有意義的時刻與事件創造故事，這些經驗形塑了我們。看看我們描述這些故事的方式，是很重要的一件事。

後來我成為作家和諮商治療師，這兩個領域的交織令我著迷。身為治療師，我的主要工作是協助案主深入探討他們描述自己的故事，而這樣的經驗對於我訓練和發展自己的敘事方式是無價的。

諮商治療一開始通常是聆聽案主描述自己的故事，不僅是喪慟的故事，也包含他們自己以及他們的人生故事。這些故事不斷發展與改變。當我們的生命越來越成熟，我們對自己和過去的理解也會越來越深刻。現在的經驗有助我們重新看待過去的經驗，而過去的經驗也會豐富新的經驗。

「這就是我們表述故事的方式，」荷波分享。「把故事從你的腦袋裡說出來，開展在世界面前。你開始賦予它意義，因為當你向別人描述它時，你必須給它一些架構和連貫性，這樣別人才會明白。我們的記憶和感覺像是一盤大雜燴，而當我們試著把這一切融成一段可以跟別人分享的敘事，我們便開始尋找其中的意義。這就是悲傷工作★的重點，讓失去這件事變得有意義。」

有時候我們描述故事的方式對我們自己並不總是有益，關於我們的生活、我們的各種關係，我們的故事並不真實，甚或有些偏誤。或許這樣的敘事現在可以讓我們好過一點，例如把自己視為受害者或認為自己很委屈，但這樣的故事會卡住、會原地踏步。通常進一步檢視之後，我們會發現這樣的敘述不適用。身為治療師，我的工作就是協助案主檢視他們長久以來的敘事模式，然後重新加以改寫。

這也是我在這裡要協助你做的事。我要請你挖掘你自己的喪慟故事，將它攤開來檢視，學習如何以具有療癒效果的方式分享它，學習如何檢視且真正明白你的故事。這並不是一個容易的過程，卻是減輕焦慮的關鍵。

我喜歡用一個比喻來形容我的工作內容，尤其是第一次與從未接觸過諮商的案主見面時：我們每個人都扛著一個行李箱，裡面塞滿了所有我們的遭遇、我們做過的各種決定（不論好壞），以及所有我們身在其中的關係。而每當案主第一次前來諮商時，他們看起來就像是拖著一個鼓脹的行李箱進到診間，然後在我面前把行李箱打開。砰一聲，就在我們之間，一堆東西攤在地板上，正是這些東西讓他們成為現在的模樣，包括童年時期的創傷、談過的感情、家庭關係、事業抉

★編按：grief work，指當一個人面對各種失去時，必然會經歷悲傷反應的這整段過程。

擇、健康問題、壞習慣、犯過的錯、委屈不滿、懊悔、憤怒與傷心難過。看到這些東西就這麼赤裸裸擺在眼前，一開始會令人難以承受。

我是在走過自己的心理治療之後，才想到了這個行李箱的比喻。我在二十五歲時第一次接受諮商治療，當時我的雙親已經不在人世。記憶所及，當初我在小小的診間裡打開心中的行李箱時，裡頭的東西嚇得我不知如何是好：情緒紛擾的青少年時期，看著父母與他們的疾病奮戰；父母過世之後，我內心的痛苦與悲慟無以復加；之後我染上酗酒的惡習，感情的路也走得跌跌撞撞。有太多東西需要面對。

在治療師的協助之下，我總算能夠仔細檢視自己的過去。我發現有許多故事片段我從未真正去理解。舉例來說，多年來我一直覺得自己很不孝，沒有在母親臨終時陪在她身邊。重新檢視這段故事之後，我坦然接受自己當時不過是個拒絕面對現實又害怕的青少年，因為我身邊的每個人也都不願意接受現實。透過這個方式，我開始改變自己的喪慟故事，讓它變得不再那麼讓人痛苦。

現在每當我在進行諮商時，我會向案主解釋說我們將要一起檢視他們的行李箱裡有什麼東西。我們要一件一件把行李箱裡的東西拿出來，好好看看它們，接著處理各種痛苦或悲傷的情緒，並解決懊悔與憤怒。在我們檢視過所有東西之後，好玩的部分來了。我們要開始把東西一件件放回箱子裡，不過是以全然不同的方式。我們會決定哪些東西要留、哪些東西要丟，還有哪些東西應該重新安排過。或許我們甚至可以找到一些新的東西加進去。

這正是我希望你做的事。把這些故事埋在心中，背著它們去到各種地方，卻沒有好好理解它們，也沒有讓它們被看見，這麼做其實是在傷害我們自己。我相信在我們的潛意識裡，我們都渴望自己的故事被聽見。沉默只會讓它們在我們心中煎熬，不斷敲著我們的心門，讓我們感到焦慮。

在你的喪慟故事中，可能有許多片段是你不想去看的，因為那太令人痛苦了，你寧願視而不見。但請你相信我，正視痛苦才能夠讓你擺脫痛苦，舒緩導致焦慮的緊張情緒。你將會驚訝地發現痛苦實際上並未如你所想的那麼強烈，至少它比你想像的還要可以忍受。

我要你想像我握著你的手，一起進行本章的練習。每個人都有自己的故事。每個人也都有覺得羞於啟齒或感到遺憾的故事片段，沒有人是不會受傷的。你的故事是你的一部分，承認它你才能繼續往前走下去。

該如何說出自己的故事？

你已經明白了探究自己的故事可以改變你的敘事和你的感覺。在此我要提供一些方式讓你可以說出自己的喪慟故事。

荷波建議說：「你可以告訴別人你的故事，包括支持團體、朋友或各種社群。舉例來說，有種團體是採晚餐聚會的形式，參加者各自準備一道菜前往聚會，在聚會中每個人都可以聊聊彼此的喪慟故事。當然你也可以用寫的，不論是在鼓勵寫作的刊物或課堂上。你可以把故事寫出來或表演出來。你也可以透過繪畫、陶藝、藝術拼貼或剪貼的方式。這些都是說故事的方式，不見得都要用說的。」

各種說故事的途徑包括：

參加悲傷支持團體。各地幾乎都可以找到這類團體，你可以透過悲傷輔導中心或是臨終關懷團體獲得這類資訊。多數團體是以年齡或喪親的類別做區隔（例如喪偶、喪子或喪親）。他們誠摯歡迎任何想要加入的人，但也有些團體只接受剛喪親不久的人加入。與跟自己有同樣遭遇的人定期會面能夠帶來很大的撫慰效果。聆聽他們的故事並說出你的故事，會讓你覺得自己的經驗很正常，也會讓你覺得有個安全的所在與其他能夠體會你的感受的人一起分享。

將你的喪慟故事寫下來。我將在第七章探討這項工具，在處理悲傷時，這項工具十分有效。

紀念日或節日時的聚會。邀請朋友和家人一塊兒分享對逝者的回憶，也準備好你的故事與他人分享。

網路論壇。網路上可以找到許多提供給喪親者分享彼此心情的論壇。與參加悲傷支持團體的道理相同，你將有機會看到更多的喪慟故事，讓你對於自己的喪慟更加平心以待。

找個願意傾聽的朋友或家人。找一個或是多位願意傾聽你的故事的人，與他們一起分享。讓他們知道你需要找人說說話，請他們暫時不要做出任何建議或是批判。

諮商治療。與治療師面對面探討你的故事，對於悲傷工作有很大的幫助。治療師受過專業訓練，能夠創造一個有效且安全的環境，讓你可以說出自己的故事，甚至是最難以說出口的部分，或許那是你連對家人或朋友都說不出口的。

讓故事有所改變

正如我在前面所強調的，最重要的是我們願意改變我們訴說的故事。當我們探索得夠深了，就會知道我們訴說的故事版本不一定有助於療癒。以下是更具體的解釋，我們看看當荷波真正思索了自己的故事後，她做了什麼改變。

荷波．艾德蔓的故事版本

我在母親過世十年後，才開始探尋她的生命。我和她的朋友談過、取得她的醫療紀錄、重溫一些記憶（即使是她生病和死亡的過程中最難受的部分，甚至是她去世後的餘波盪漾），這麼做讓我能夠找到不同的意義，這對我而言很重要。

最初的故事版本埋在我心裡整整十年，而故事裡我母親一直不知道自己生了重病。只有腫瘤科醫師跟我父親知道診斷結果，醫師把結果告訴我父親，然後父親再根據他自己的想法或醫生的建議轉告我母親。她從來沒有直接從醫師的口中聽到自己的病情。

因此，當她告訴我們三個孩子她的病情好轉時，她是真心這麼相信的。這是我的故事版本。在這個故事中，醫生跟我父親聯合起來騙我母親，兩個男人對付一個弱女子，因此她沒有機會好好跟她的孩子們道別。有很長一段時間我對此一直無法釋懷。

我對這個故事深信不疑。我也認為醫生並未盡力挽救我的母親，說不定她還有一線生機，儘管我知道她的癌症已經是末期。

為此我做了一番研究，包括母親的醫療紀錄。我看見母親手術之後，醫院社工曾經想要介入，告訴她情況並不樂觀，但我母親並不想聽。我還去找了母親的腫瘤科醫生，實際上他是個不錯的人，只不過我心裡一直把他當壞人看。他對我說：「荷波，妳母親來找我時已經病得不輕，我能做的只是盡量幫她爭取時間，好讓她與孩子們有更多時間相處。從一開始我就清楚知道她的時日無多，因為癌細胞擴散得太快。」

聽到這個說法時我嚇了一跳。起初我的反應是躲回自己的洞穴消化這個訊息。接下來發生的事對我影響重大。我前往佛羅里達州拜訪母親兒時的玩伴，她倆一直維繫著好友誼。當她聽見我的故事版本時，她告訴我：「荷波，我認為妳太小看自己的父母了。我打從十三歲就認識妳母親，妳父親跟妳母親剛交往時我就認識他。我並不認為妳母親想要知道事實。我想妳父母應該是取得共識，妳父親只告訴她她能夠承受的部分。我想她要是知道實情的話，恐怕只會加速病情惡化。我認為她被蒙在鼓裡是她可以多活上一些日子的原因。」

知道這件事對我而言太重要了，因為現在我必須改變我的故事！我原本的故事只是我自以為是的想法，這種把自己當成受害者的故事給我很大的力量，可是現在我得改變它。我很慶幸我這麼做了，因為它幫助我用更成熟的態度看待這整件事情。儘管一開始會有些不知所措，但我必須找出其中的意義，我必須把它融入先前的敘事中，讓故事改變。

我大可以說：「不，我才不相信。」我可以選擇不接受，有些人的確如此。但是展開這趟追尋之旅時，我已經做好面對新故事的準備。過去的故事不過是對抗喪慟的緩衝器。我必須接受自己的悲傷。這其實不是焦慮的故事，而是接受悲傷。

正如你在荷波的故事中看見的，我們很容易為了情緒需求而改變自己的故事。這並不是一件壞事，而是一種處理機制。失去所愛讓我們如此痛苦，所以我們會盡可能做對自己最好的保護。有時候我們只願意相信自己認為的故事版本，好讓自己好過一些，才能夠度過喪親之後的難熬日子。

問題在於，若多年之後我們才驚覺我們一直深信的故事並非全然是事實，這或許會對我們造成更深的傷害，導致更多的焦慮與憤怒。正如荷波說的，她的故事跟焦慮沒有太大關聯，而是關於悲傷。長久以來她害怕自己沉溺在悲傷中，所以她把悲傷推開，卻因此讓焦慮有機可乘。

我建議你可以尋找治療師或朋友的幫忙，協助你檢視你的故事；單靠自己經歷這一遭會令人畏懼。但以下的問題可以提供你做自我檢視。

至於什麼時候開始進行這項工作，荷波建議，「我想每個人需要的時間都不同。有些人很快就準備好，有些人得花上幾年的時間。每個人都有各自的步調。一旦你準備好，東西就在那裡。當然，有些資訊不好找，但只要你做好準備，隨時可以開始。我無法提供確切的時間表。我自己花了二十五年時間才發現，沒有一種悲傷可以套用在所有人身上。」

問問自己這些問題

當你開始思考自己的故事時，下列幾個問題是你可以問問自己的。你可以將這些問題寫下，或是拿這些問題請教治療師和好友的意見。

一、你的故事是怎麼開始的？

故事有許多不同的展開方式。想想看，是否有其他方式可以作為你的故事開端。故事是從你出生就開始的？從你得知對方的診斷結果開始？從對方逝世後開始？還是從你接受對方的離去開始的？思考不同的可能性，問問你自己這樣的改變會導致怎樣不同的發展。

二、在描述故事時，你是否刻意遺漏什麼部分？

承認這整個故事，是悲傷歷程很重要的一部分。如果其中有些痛苦的時刻，或是你希望可以重新來過的事情，請不要刻意加以遺漏。相反的，你必須檢視它們，想想看怎麼做才可以讓你承認並接受它們。找個可以信賴的人或安全的環境，挖掘你想要遺漏的故事。

三、故事裡是否有些地方你原本信以為真，後來證明不是事實？

記住，我們的故事會不斷改變。不同的生活歷練和成熟度會讓我們以新的角度重新看待我們的生活和經驗。荷波當初認為自己的母親被剝奪了知道病情的權利，而一旦她知道真相之後，故事也隨之改變。你是否願意敞開心胸以嶄新的方式重新檢視或是探討你的故事？

四、如果你的故事圍繞在某人的死，是否可以把故事往對方生前延伸？

一開始我們的喪慟故事往往始於死亡，不論是導致死亡的事件或疾病，或是逝者生前最後的幾天或幾分鐘，或是他死後如何如何。請試想有部攝影機可以慢慢把鏡頭拉遠，這樣你才可以看到逝者的整個人生，而不只是他生命最後幾週或幾個月。

五、這個喪慟故事是否有更積極的面向？

有時候我們必須把故事反個方向看，或是像瞇著眼睛看畫那樣仔細瞧，注意那些被我們忽略的部分。透過後來發生的事，重新檢視你的故事。

在《當綠葉緩緩落下》書中，庫伯勒羅斯醫師與大衛・凱斯樂（David Kessler）提到，我們必須將我們的故事與家人和朋友分享。「當有人一再告訴你他們的故事，他們無非是想要釐清什麼。可能有遺落的片段，否則他們也不會一直說。你千萬別翻白眼說『又來了』，問問那些看似連不起來的部分。」

那正是我們說故事時要做的事：連結缺失的段落，理解發生的事。請千萬不要否認這種自然的衝動。找到失落的拼圖，你才能度過悲傷歷程而邁向療癒。你知道你有一個很重要的故事要說，你努力找到一個安全的出口分享你的故事。讓故事被聽見，理解故事，可以減輕你壓抑的情緒，幫助你釋放壓力和焦慮。

別人的喪慟故事

在悲傷的最初階段，你可能還沒準備好聆聽別人的故事，但最終這麼做可以為你帶來極大的安慰與療癒。藉由閱讀或是聆聽他人的故事，你會明白自己並不孤單。並不是只有你經歷這些事，也不是只有你會有這些感覺。

看看其他人如何走過他們的悲傷歷程，可以幫助你找到自己的出路。此外，當你知道其他人也是一路跌跌撞撞走過來的，或是同樣對逝者感到愧疚與懊悔，也將有助於你原諒自己的不足。

然而，千萬不要因此覺得你必須聆聽或閱讀那些讓你覺得不舒服的故事。你可以隨時放下手邊的書或停止參加支持團體，直到你認為它真的對你有所幫助。

與喪親相關的回憶錄

- 《那時候，我只剩下勇敢》*Wild*，雪兒·史翠德 Cheryl Strayed 著（喪母）
- 《奇想之年》*The Year of Magical Thinking*，瓊·迪迪安 Joan Didion 著（喪夫）
- 《她》*Her*，克莉絲塔·帕拉瓦尼 Christa Parravani 著（失去手足）
- 《看不見的姊妹》*Invisible Sisters*，潔西卡·韓德勒 Jessica Handler 著（失去手足）
- 《卿卿如晤》*A Grief Observed*，路易斯 C. S. Lewis 著（喪偶）
- 《真實與美麗》*Truth and Beauty*，安·派契特 Ann Patchett 著（悼友人）
- 《珍重再見》*The Long Goodbye*，梅根·奧弗克 Meghan O'Rourke 著（喪母）
- 《海嘯》*Wave*，索娜莉·德拉尼雅加 Sonali Deraniyagala 著（喪偶、喪子、喪親）

- 《世界的光亮》*The Light of the World*，伊莉莎白．亞歷山大 Elizabeth Alexander 著（喪偶）
- 《口袋裡的天使》*The Angel in My Pocket*，蘇基伊．福布斯 Sukey Forbes 著（喪子）
- 《鷹與心的追尋》*H is for Hawk*，海倫．麥克唐納 Helen MacDonald 著（喪親）
- 《守護者：悼友人》*The Guardians: Elegy for a Friend*，莎拉．曼古索 Sarah Manguso 著（悼友人）
- 《天堂海岸》*Heaven's Coast*，馬克．多帝 Mark Doty 著（喪偶）
- 《轉動世界的停駐點》*The Still Point of the Turning World*，艾蜜莉．拉普．布萊克 Emily Rapp Black 著（悼友人）

尋找出口

分享與探討這些故事是治療喪慟的方式。藉由不斷回想失去的點點滴滴，可以幫助我們面對與接受事實。這不表示你要讓它就這麼過去，或是說它已經「結束」了，而是代表你願意去面對它。

根據庫伯勒羅斯醫師的說法，「你必須把它說出來。悲傷必須被看見才能被療癒。分享悲傷是減輕悲傷。說出你的故事，因為那會讓『失去』變得更有意義。」

焦慮檢測表

檢測你的焦慮程度。在本章中我們學習如何說出自己的故事，以及它對悲傷歷程與焦慮程度的影響。當我們可以為悲傷情緒找出適當的出口，就可以減輕累積的壓力。承認你自己的故事，試著改變你的敘事，是減輕焦慮的關鍵。

以一到十作為評分標準（十代表焦慮程度最高），你覺得你現在的焦慮有幾分？

1 2 3 4 5 6 7 8 9 10

你目前有以下哪些症狀？

□恐慌發作

□失眠

□噁心

□頭暈

□心跳加速／心悸

□過度憂慮

□憂鬱症

如果你持續出現恐慌發作或過度焦慮的症狀，可以先跳至第八章和第九章，學習如何讓焦慮的思緒冷靜下來。下一章我們將學習如何消除伴隨喪慟而來的罪惡感。

第四章

彌補心中的愧疚與懊悔

不後悔不代表勇敢而活，而是沒有反思。不後悔是相信你沒有什麼需要再學習了，沒有什麼需要修補的，沒有機會活得更勇敢。

——布芮尼．布朗 Brené Brown

失去所愛以後，人們最常經歷的情緒是罪惡感與後悔。每個我遇到的喪慟者，對於逝去的人或多或少都有些來不及做或來不及說出口的事，並為此感到懊悔。這是很自然的反應，卻也是造成焦慮的原因。

庫伯勒羅斯醫師曾說過：「罪惡感或許是伴隨死亡而來最令人痛苦的感受。」這樣的感受確實會消耗我們的身心，往往也會讓我們變得脆弱。當死神將我們所愛的人帶走，感覺像是有一扇門永遠被關了起來。那些還沒有對逝者說的話或做的事，會在我們心中反覆播放好幾個月，甚至好幾年。不過我們可以找到辦法克服這些痛苦的懊悔；我們有辦法可以做些彌補。

我們經常會想要忘記那些來不及說出口的話，因為我們認為人死不能復生，再多做什麼也沒有用了。但是如果我們不好好把這件事做個結束，它會一直在我們心中隱隱作痛，讓我們惶惶不安。倘若不去正視這股不安的感覺，結果就是陷入焦慮的輪迴。妥善處理這些罪惡感和懊悔，是減少焦慮的關鍵。

我知道要面對這種感覺很嚇人。那些令你感到後悔或罪惡的事情，或許是你最不想要再碰觸的過往。它們經常浮現在你心中，讓你焦慮不已。我完全可以理解，因為我自己也曾經心懷愧疚多年；我也在許多案主身上看到這一點。

我聽過不知道多少滿懷愧疚的懺悔，通常是在諮商進行一段時間之後案主們發自內心的告白。剛開始諮商時不會有這樣的告白，因為這些感受往往難以啟齒。唯有當案主卸下心防，才會坦承這些罪惡感與懊悔。

單單是把心中的懊悔說出來，就會產生令人意想不到的療癒效果。通常當我們想到某件事其實可以有不同的做法時，我們會立刻退縮，告訴自己木已成舟，再多想也只是讓自己更難過而已。但是我認為正好相反。我們必須承認自己的懊悔與罪惡感，好好處理這些情緒，做出彌補，然後我們才能夠原諒自己。

就讓我們坦然面對這些情緒。打開心裡的窗，讓這些暗黑的感受重見光明。首先，我要你明白，不是只有你會有愧疚、懊悔或羞恥的感覺。不論原因為何，每個喪慟之人或多或少都會出現罪惡感與後悔。

罪惡感是一個有趣的心理概念。從某個面向來看，它具有療效與作用——我們察覺自己做錯了什麼事，我們明白自己必須從錯誤中學習，變成一個更好的人。然而如果某個人死了，我們會認為錯誤無法彌補，問題於是變得更加複雜。

當我們在悲傷的歷程中感受到罪惡感，我們會覺得自己必須一直背負著做錯事的責任，而沒有辦法向逝者道歉並且把事情做對。我們覺得已經沒有機會去改變。然而，抱持這樣的罪惡感只會引發更多的憤怒與焦慮。面對與處理你的罪惡感，不論它有多麼讓你害怕，是減輕焦慮的關鍵。許多事情會引發我們的罪惡感，大部分是我們在逝者生前沒來得及說的話或做到的事，有時候只是我們希望本來可以做得更好。

出現罪惡感的普遍原因

- 無法陪伴在臨終者身邊
- 來不及跟逝者道別
- 莫名的憤怒（對他人或自己）
- 倖存者的愧疚感
- 來不及為某件事道歉
- 覺得自己無法阻止死亡發生或病痛折磨
- 覺得自己在逝者最後的生命中表現得很糟糕
- 對逝者有不好的想法
- 感覺對方的死讓自己鬆了口氣（通常是久病的狀況，不論身體或心理）

- 沒有把握時間與對方好好相處
- 把對方視為理所當然

面對突如其來的失去

如果我們是在突然間或沒有預料到的情況下失去某個人，幾乎總是免不了罪惡感與懊悔的情緒來襲。我們與逝者之間往往還有許多話沒來得及說，更別提做過或沒做過而讓彼此感到後悔的事。憤怒也是舞台主角。我們會對逝者感到憤怒，對我們認為可以阻止這場死亡的人發脾氣，以及對我們自己感到生氣。

然而若我們深入檢視憤怒的情緒，通常會看到罪惡感。我們對於自己的滿腔怒火感到罪惡，對於自己沒能做些什麼改變這樣的結果感到愧疚。承認這些感覺，坦然面對與處理它們，將有助於緩和它們。壓抑或推開這些情緒只會造成反效果，心裡的不安會導致焦慮升起。

常見的情況是我們的腦海裡會不斷想著我們本來可以怎麼做或怎麼防止憾事

發生。在多數個案中，這些想法在幾個星期或幾個月之後便會自然消失，不過有時候我們確實需要求助於值得信賴的朋友或專業治療。我們的大腦需要時間去適應某個人已經走了的事實，因此在這段調適的過程中，我們不時會想著事情原本可能可以有怎樣不同的發展，如此就可以不用面對事實。

許多人會試著叫自己不要去想那些不可能的事，殊不知這樣的過程正是我們的心智走向接受的一種方式。然而如果你發現自己執著於各種逃避的念頭，已經到了不健康的地步，請務必尋求諮商治療師的協助。

我有個案主叫做喬治，他的父母死於一場意外車禍。他前來找我進行諮商時，已經出現過兩次莫名的恐慌發作。他告訴我第一次恐慌發作時，他跟妻子和年幼的孩子們正在露營，第二次發作則是當他坐在辦公桌前。

喬治自認是個堅強的人，他對於自己經歷這樣的焦慮覺得很憤慨。他不願意承認他的焦慮和悲傷有關，不過在妻子的鼓勵下，他前來尋求協助。

我們一起探究了他的喪慟故事，他坦承在車禍意外發生前不久，他才跟父親為了錢的問題起爭執，而且這個問題一直沒有解決。喬治對於沒能在父親死前跟他道歉感到很愧疚。他甚至覺得自己沒有權利悲傷，因為他很氣自己。他大半時間都壓抑著自己的感覺和情緒。

我讓喬治明白他的恐慌發作源自於他沒能好好處理自己的罪惡感與悲傷。我們一起找出有助於他面對恐慌發作的方法，最終則是進一步協助他原諒自己曾與父親發生爭吵，然後學著讓自己好好悲傷。

喬治抗拒寫道歉信給父親，所以我們轉而討論他和父親曾經發生過的爭執，看看他們都是如何解決問題，以及父親對他的諒解。最後喬治總算願意相信這一次父親同樣也會原諒他，從而他能夠讓自己真實感受到失去父母的傷痛。當他走過了悲傷的歷程，便再也沒發生過恐慌發作的狀況。

當我們突然失去所愛的人，無可避免會經歷罪惡感的情緒，而如果對方是死於自殺，愧疚與憤怒交織所產生的焦慮會更加讓人無力承受。如果你願意面對憤怒的情緒，並做出你認為自己需要做的彌補，焦慮將會隨之減輕。有許多不錯的資源和書籍可以幫助你處理這類罪惡感，本書最後也列出一些參考。

當所愛的人死於病痛

當我們眼睜睜看著所愛的人因病喪生，心中的罪惡感與憤怒又是不同情況。有許多人可以怪罪，因為他們沒有阻止死亡的發生；也有許多的事後諸葛和各種可能性的想像。我們的腦海中不斷出現早知如此何必當初的悔恨，這是很正常也很自然的現象。這是我們的大腦為了接受現實所做出的因應機制。

我在安寧院所做過許多諮商，我看到很多家屬感到生氣或愧疚，因為他們覺得自己應該可以做得更好、把對方照顧得更好。我經常聽到案主們後悔說，他們沒有在逝者生前給他嘗試不同的治療或聽取更多的建議。

有時候我們甚至會對逝者感到憤怒。我們覺得他們應該要更努力讓自己好起來，或者接受不同的醫療決定。這種想法比你以為的還要普遍，我有許多案主坦言他們有過這樣的念頭，並為此感到愧疚。

此外，許多人的罪惡感來自於不瞭解對方真的就快要死了，他們懊悔表示，如果他們知道也理解死亡將至的話，他們就會做出不同的決定。處理這種罪惡感的第一步，是接受自己的不理解，相信你還是有機會可以做出彌補與好好道別。

爲什麼就算對方已經病重，我們依然沒有意識到死亡將至

- 醫護人員並未妥善告知
- 我們否認又不想接受
- 我們想要保持樂觀的希望
- 死亡出乎意料，連醫生也沒料到
- 病患有意隱瞞病情

有許多年的時間我一直活在沒有陪伴母親走完人生最後一程的愧疚中，儘管當時我已經知道母親將不久人世。那時候我十八歲，正準備獨自開車從學校到醫院去探望母親，中途我繞去拜訪一位朋友，並決定當晚在朋友家過夜，隔天一早再趕往醫院。不料我父親半夜打電話過來，通知我母親的死訊。我好後悔沒有直接趕到醫院去見她，多年來我一直怪罪自己竟然做出這樣的決定，我覺得自己實在很糟糕，是一個不孝的女兒。

多年以後，藉助心理治療，再加上思想的成熟，我才能夠理解自己當年太年輕了，根本不願意承認母親就快要死了。我明白當時我的潛意識根本不想要看到

母親死，這是我之所以沒有立刻趕到她身邊的原因。另外一個原因是，有部分的我不願意相信母親真的會死。

十年後，我在安寧院所工作，接觸到跟我有相同經驗的無數個案之後，最終我開始懂得原諒自己，我知道當時我的選擇不過是一般青少年在面對龐大壓力時的正常反應。

前面第二章曾提到，對於人們有時候會覺得自己讓臨終者失望了的那種情緒，米勒醫生的見解頗有助益。「對於這件事我有些想法，」米勒醫生表示：

首先，我要大聲說：「死」這件事真的很難。結束是美麗的，但它是一種新的狀態。並非你或任何人無法好好結束或和解——這些事並不是可以預期的。結束是一種人造的東西。那不是大自然創造的。所以假如我們失敗了，也是敗在自然從未設計我們可以成功做到的東西。

再者，如果要我在這個過程中做什麼，那會是原諒。倘若你所愛的人死去，有很多事你還想不通，應該也不會想通，所以不管怎樣，我認為我們需要更懂得原諒我們自己、原諒彼此。

這也是身為人類的問題。我們有無限的想像力，所以我們總是可以想像比我們所擁有的更美好的事情，因此我們必須留意，我們必須更懂得放過自己。

我聽過無數臨終陪伴的遺憾故事。有的是沒有接到病危通知的電話而錯過最後說再見的機會。有的是與親友發生齟齬，卻來不及在對方死前和解。有的則是但願自己還有機會能夠多陪伴已經離開的人。

二〇一七年，HBO推出一部紀錄片《我們的母親黛安娜：她的生平和傳奇》（*Diana, Our Mother: Her Life and Legacy*），哈利王子和威廉王子兩人在鏡頭前坦言，他們與母親的最後一次通話令他們感到愧疚。

「要是我知道會發生什麼事，我就不會那麼漫不經心。那通電話一直在我心中揮之不去，」威廉說。當被問到與母親最後都說些什麼時，他說自己永遠忘不了，但他並未透露談話內容。

哈利則坦言過去二十年來，他一直沉浸在悲傷中，他說自己「這輩子都會懊悔與母親最後的通話竟然那麼短暫。要是我知道那是我與母親最後一次通電話，我會告訴她……現在回想起來，實在很難。」

當我們心中帶著這些懊悔和愧疚時，它們會以各種症候表現出來，像是憤怒、沮喪、自我憎恨，當然也包括焦慮。重點在於我們必須找到釋放罪惡感與原諒自己的方式。

釋放罪惡感

要怎麼做才能釋放內在的罪惡感？首先，我們必須明白，罪惡感的燃料來自於我們認為自己是什麼樣的人，以及我們認為情況是什麼樣子。要重新思考這件事，第一步必須誠實檢視我們的想法與信念。

對有些人而言，要做到這一步得花上不少時間。有些喪慟者緊抓住罪惡感，彷彿這樣才不會忘記已經逝去的人。他們覺得如果自己不再感到愧疚，他們就會真的失去對方；如果他們讓自己再度覺得自在與快樂，就會對不起死去的人。米勒醫生建議：

碰到這樣的情況，我會要他問問自己，如果那個人依然健在，他會要你怎麼做？幾乎每個人都會回答說：「我想他不會希望我難過。」那是當然的。如果你真心愛對方、為對方好，你會希望他也過得好。

身為醫生，我相信我們的社會在面對死亡時可以做得更好。當我回想那些臨終病患，多數時候他們都做得很好，即使身心受苦。而我們只是無法體會這樣的感覺。很多時候，困難的部分在於活著的人。

身為死亡過程的旁觀者，我們見證臨終者出現譫妄、死前的嘎嘎聲之類的現象，而臨終者本身不一定感受得到這些。那是我們的痛苦，我們把這樣的痛苦投射到自己身上。反過來說，假如你所愛的人過去真的很痛苦，那麼此刻他不再受苦了。你盡了一切努力。受苦不見得總是一件壞事，它能教會我們一些事情。某個飽受痛苦折磨的病患，後來能夠感受到死亡帶來的解脫。所以我認為多數的痛苦是來自於活著而且必須見證這一切的人。

如果你發現自己陷入同樣的狀況，想著某個情境而感受到深沉的罪惡，你可以問自己一個問題：你之所以緊抓著罪惡感不放，是不是因為你害怕不再感到愧疚就表示你會忘了對方。如果答案是肯定的，請重新檢視你的想法。就我的例子來說，的確是如此。我害怕拋開罪惡感重新過生活，就代表我已經忘了母親的死，也就等於不再懷念母親。

米勒醫生分享了近來的一個經驗，藉以說明這一點。

最近一場會議中，有位男子走向我，告訴我他母親一年半前過世。他是決定不要插管急救的人。他解釋說，他母親曾經清楚交代他，說她不要依靠維生器度日，她也清楚表示要兒子代表她的立場。雖然他按照母親的囑咐去做，不過他對於自己的行為感到內疚。我們談了一會兒，底線在於他確實是根據母親的要求去做。醫護人員並未指責他的決定，然而他卻用怪罪自己的方式來懷念母親。

事實是，面對死亡我們很難真的放手。擺脫死亡帶來的負面情緒，再度找到生命的意義，並不意味著我們會忘了逝去的人，或是說我們不會再思念他們。一旦你覺得準備好要釋放罪惡感並原諒自己，下一步便是檢視造成罪惡感的想法。

關於罪惡感，你可以問問自己這些問題：

- 你期望自己做到什麼你沒有做到的事？
- 這些期望是否符合現實？
- 你可以有什麼不同做法？
- 你是否被情緒壓得喘不過氣來？
- 如果有機會的話，對方是否會原諒你？
- 如果你的好友跟你犯了同樣的錯誤，你會怎麼告訴他？
- 你從這次錯誤中學到什麼？

回答了這些問題之後，如果你覺得自己的錯誤是可以接受的，而且你真的無法做到自己的期望，你是否可以承擔過錯並負起責任？這是所謂「健康的罪惡感」。我們能夠從這樣的罪惡感中學習與成長。如果回答完這些問題之後，你明白你對自己太過嚴苛，抱持不切實際的期待，那麼該是時候拋開這些罪惡感。本章後面將探討各種幫助你釋放罪惡感的方式。

記住，不論是健康或負面的罪惡感，沉溺在罪惡感中對你並無益處，只會讓你無法克服悲傷與焦慮。現在就開始練習，即使一開始似乎很困難且很嚇人，但這麼做會幫助你解開心中久久不散的負面思緒。

露絲的故事

露絲的丈夫去世後三年，我才開始與她接觸。當時她已經八十多歲，身體狀況不適合開車。由於她的住處距離我的辦公室不遠，所以我同意前去做居家拜訪。

第一次諮商時，露絲告訴我關於她丈夫伯納德三年前的死。她說話時雙手緊握，看得出來十分焦慮不安。「每個人都認為我是好人，」她對我說。「但其實我很糟糕。」

她停頓下來，聲音顫抖，雙眼噙淚。「他過世那天晚上，我沒有陪在他身邊。」

她開始說起自己的故事，我趁機環顧屋內。書架上擺放著露絲跟伯納德的舊照片，桌上則堆滿他們夫妻兩一起去旅行時買的各式紀念品。露絲告訴我他們相遇得晚，兩人都是再婚。三十年的婚姻生活很幸福快樂。「一晃眼三十年就這麼過了，」露絲彈指感慨。

三年多前，年屆九十的伯納德身體狀況越來越差。他到處看醫生，詢問各種意見，不同的診斷結果和可能相互衝突的醫療方式讓露絲很頭痛。伯納德的健康每況愈下，顯然已經快要撐不下去了，最後只能待在醫院裡，醫生告訴露絲要有心理準備。

「我犯了一個會讓自己後悔一輩子的錯誤，」露絲淚眼婆娑。她深呼吸，搖搖頭，擰著手說：「我回家去了，我把他留在那裡。」我同情地看著她。「誰會這麼做呢？」她等著我的回答，但我什麼也沒說，讓她繼續說下去。

「我把他留在那裡，一個人先回家，結果醫生半夜打電話告訴我他走了。」露絲又哭了起來，我遞了面紙給她，她卻拒絕，語氣突然變得強烈與憤怒起來。「他一個人孤單地死在醫院裡，我卻在這裡袖手旁觀！他照顧我三十年了，我卻沒能在他嚥下最後一口氣時陪著他！誰會這麼對待自己深愛的人？我真是壞透了。」

她用盡力氣說完這段故事後，癱坐在沙發上啜泣。我在一旁等她平復下來，也讓她知道我對於她的遭遇感同身受，更聽得出來他們夫妻的感情很好。

「我們非常契合，」她說。「每一分每一秒都很幸福。但我卻把他的好視為理所當然。最後的這個錯誤決定更毀了一切。」

我謝謝她對於發生的事和她自己的感受如此坦白，並問她是否願意與我一起重新檢視這一切。她含淚點點頭，接著我們展開了一個對話模式，往後的諮商過程便經常上演著這樣的模式：露絲述說無法陪伴丈夫走完人生最後一程的愧疚，我則是試著打破她對於這個所謂錯誤決定的看法。

我問她把伯納德留在醫院的那天晚上，她心裡有什麼感覺。她告訴我她很害怕，並坦言家中的重大決定向來交由伯納德處理。她對於各種醫療訊息感到心力交瘁，不知道該怎麼辦。她也說那天晚上她很累，因為伯納德的病情時好時壞一陣子了。

我告訴她照顧者的角色本來就不容易，加上面臨壓力和疲倦，難免無法做出最周延的決定。「這不是藉口，我應該陪在他身邊的。我太自私了，竟然讓他一個人孤零零死去。」

「露絲，」我小心翼翼問道，「妳是否知道他那天晚上會離開人世？」

「不知道，」她冷冷地說。

「那麼醫生是否有提到他當天晚上會走？」我繼續問。

「沒有。」

「如果有人告訴妳他那天晚上會走，妳還會離開醫院嗎？」

「當然不會，」露絲立刻回答，倏地抬起頭。「不過這不是重點，重點是我本來就應該待在他身旁，可是我沒有，因為我很自私、很糟糕。」

接下來幾個星期，我們的諮商對話差不多就是這樣的模式。不論我怎麼突破她的想法，露絲總是會繞回到她辜負了伯納德，因為她是個自私的人。

隨著療程的進展，我得知露絲在十歲時喪父。他的父親是個漁夫，因為暴風雨的緣故船隻翻覆而淹死。後來我才知道她父親過世的那天早上有打電話給她，她卻忙得沒時間跟父親說話。父親走了以後，她對於沒能跟他通話深感罪惡。於是十歲的她認定自己是個自私的人，而她也從未好好走過悲傷的歷程，釋放自己的負面想法。

將近七十年之後，當她面對伯納德的死訊，她認為自己是個自私的人這樣的負面想法又再度出現。藉由審視生命中兩位至親的死，以及舊信念如何影響她的想法，露絲最終開始慢慢釋放自己的罪惡感。

然而，我們的工作尚未完成。一路下來，我發現露絲除了認為自己很自私這種根深柢固的負面想法之外，她也害怕一旦停止罪惡感就表示她已經忘了伯納德。藉由不斷想著他，不斷想著自己的錯誤決定，露絲覺得自己和丈夫還緊緊相連。如果她沒有受到罪惡感煎熬，她還會思念他嗎？他們還會有任何連結嗎？

我向她保證絕對可以。我們一起尋找有什麼方法可以讓她覺得與丈夫依然相連，卻又不必活在懊悔之中。我鼓勵她寫信給伯納德，她接受了這個建議，而持續這麼做一段時間之後，她內心的懊悔減輕不少。我也鼓勵她多說一些與丈夫之間的故事。我們一起看照片分享回憶，認識這個愛她的男人。

偶爾露絲會陷入舊思緒，責怪自己竟然沒有陪在丈夫的臨終病床旁，而我們就要一起再打破這樣的想法。有時候她不過是需要再說一次故事，好讓自己走出來。露絲也學會原諒自己。她經常說到伯納德是一個善良又有耐心的男人，最後她才體悟到是她自己在為難自己。我與露絲分享了許多案主跟她一樣，在經歷喪親之後心懷愧疚，因為他們沒能陪著對方走完生命最後一程，或是因為太害怕或無法承受而做出讓自己後悔的決定。露絲知道自己並非唯一經歷這種遺憾的人，她對自己的苛責因此少了一些，總算能夠邁步向前。

現在你知道有許多方式可以幫助你瞭解，讓你感到愧疚的很多事情其實根本是你無法掌控的。讓我們一起來釋放這樣的罪惡感。有幾個不錯的步驟可以釋放這類伴隨喪慟而來的罪惡感，希望你能從中獲益。

釋放罪惡感的步驟

- 瞭解伴隨喪慟而來的罪惡感是普遍的反應。
- 瞭解釋放罪惡感並不表示遺忘或捨棄對方。
- 檢視引起罪惡感的想法，看看哪些是對的，哪些是不真實的。
- 使用不同的方式說出來不及說的道別或道歉。
- 尋找與逝者保持積極連結的方式。

過去這些年，我協助許多案主找出彌補遺憾的方式，我想了一些有創意的方法可以幫助他們平復懊悔的感受。以下是我認為最有效的方式：

寫封信給逝去的人。我有很多年的時間持續寫信給我死去的母親，告訴她我很抱歉沒能在她過世的那天晚上陪在她身邊。雖然我不確定她能否以什麼樣的方式讀到這些信，但是可以透過這樣的機會向她說「對不起」，對我而言是一種安慰。這也是露絲修補心中遺憾並原諒自己的一種方式。

你可以用手寫或是電腦打字。挑一個時間自由、沒有什麼待辦事項的日子，因為寫這樣的信會讓你有些傷痛與難過。坐下來，寫下對方的名字，接著想到什麼就寫什麼。你可能想要為某件事道歉，或是表達來不及說出口的道別。你需要多久時間寫這封信都沒關係；寫這樣的信也可能會讓你的情緒激動起來。

寫封信給自己並原諒自己。想像你抽離自己的身分，坐下來寫封信給那個曾經犯錯的自己。原諒你自己。就算你對自己過去的行為感到失望，但此刻請你對自己好一點，叫他放心，並試著寄予真正的同情與諒解。

設想自己向逝者道別或陪伴在他身旁。這是最有效的方式。找一個安靜的地方，你可以舒服地躺著不受打擾。閉上眼睛，深呼吸，讓自己完全放鬆。想像逝去的人就在你面前。感受他的存在。現在，把你心裡想要對他說的話都說出來，不論需要多少時間都沒關係。過去沒機會道別的話，此刻請好好說再見。你想要道歉的話也可以道歉。告訴他你愛他，如果這麼做能夠讓你感覺好過一些。需要的話，你可以經常做這樣的練習。

做些可以紀念逝者的事情。我認為透過榮耀逝者或做些逝者生前喜歡的事情，是修補彼此關係的一種美好方式。或許他生前特別熱中於什麼事，你可以投入或贊助。或者你可以支持逝者生前覺得不錯的組織；舉例來說，如果他生前熱愛動物，你可以捐款給當地的動保團體或是野生動物保護協會。以逝者之名從事這些美好的行為，會讓你覺得自己做出了補償。

想像逝者原諒了你。如上述的練習，你可以想像與逝去的摯愛說說話，只是這一回你要專注於傾聽他怎麼說。找個不受打擾又舒適的地方做這件事。躺下來，闔上眼，放鬆身體。等你準備好了，邀請對方進入你的心中，接收來自於他的訊息。或許他要傳遞原諒的訊息，或者是給你一些建議，也或許是單純表達愛意。接收訊息，用心感受。

每當你發現自己陷入罪惡感，請以正面的回憶取代。有時候我們太常想著負面的念頭，這些念頭就會不斷冒出來，即使我們已經努力打破隱藏在它們背後的錯誤信念。要訓練我們的大腦停止這麼想需要花點時間，但很快就會見到成效。以露絲的例子來說，每當你出現像是「我應該陪在他身邊」這樣的念頭時，阻止自己沉浸在罪惡感的情緒，取而代之是你與逝者之間美好的回憶。我們將於第八章深入探討這一點。

找個人訴說你內心的罪惡感。與諮商治療師談談你的感覺，或者與有同樣遭遇的支持團體聊聊，都可以大大減輕沉重的情緒負擔。這些情緒出口提供了一個療癒所在，幫助你處理與消化悲傷的情緒，也讓你知道自己的經歷是很正常的。

釋放自我

現在，請你閉上眼睛，深呼吸。讓你的罪惡感、懊悔和自責這些情緒都浮上檯面。接下來，我要你明白，這些想法和情緒在悲傷的歷程中都是很正常的，不是只有你會經歷這些情緒。你不是一個糟糕的人。如果你曾經犯錯，它們就只是錯誤而已。你可以也將會從這些錯誤中學習，你會從這個經驗中成長，生命也將更有意義。

我要你再次深呼吸，問問你自己：抱持罪惡感真的對你比較好嗎？如果放下罪惡感讓你感到害怕，記住，這麼做不代表你會拋棄或遺忘已經逝去的人。釋放懊悔不表示你不在乎對方。有許多美好與健康的方式可以維持你與逝者的連結與愛。你也必須尊重自己。藉由釋放這些負面情緒而原諒自己，你會讓自己從焦慮與悲傷中走出來。

焦慮檢測表

檢視你的焦慮程度。在本章中，我們看到罪惡感和懊悔的情緒如何影響悲傷歷程。你是否緊抓住罪惡感，從而無法走出悲傷？如果是的話，請記住，就算釋放了伴隨悲傷而來的種種痛苦情緒，你仍然能夠與逝者連結。當我們真正面對我們的恐懼與失望，我們就能夠以健康的方式哀悼逝去，減輕焦慮。

以一到十作為評分標準（十代表焦慮程度最高），你覺得你現在的焦慮有幾分？

1 2 3 4 5 6 7 8 9 10

你目前有以下哪些症狀？

□恐慌發作

□失眠

□噁心

□頭暈

□心跳加速／心悸

□過度憂慮
□憂鬱症

如果你經常恐慌發作或過度憂慮，請直接跳到第八章和第九章，學習如何平息焦慮的思緒。接下來，讓我們直接進入下一章，學習重新掌控自己的生活，減輕壓力和焦慮。

第五章

悲傷復原力

唯有不斷將自己暴露於毀滅之中，才能夠挖掘內在堅不可摧的力量。

——佩瑪．丘卓 Pema Chodron

當我們失去生命中重要的人，生活頓時變得分崩離析。那種感覺就像是海嘯襲來，捲走一切，徒留你一個人站在殘磚瓦礫間。你甚至不曉得要從哪裡開始收拾殘局，而光是想到這件事就會引發無盡的壓力與焦慮。若想減輕這種壓力，就必須找出解決問題的方法。

許多關於悲傷主題的作品都把重點擺在情緒轉變，殊不知還有其他的改變也會隨之而來。我們的財務條件會改變，生活狀況也變得較不穩定，孩子的照顧同樣受影響。特別是配偶離世對家庭經濟造成的衝擊，尤其是對女性。雪柔・桑德柏格（Sheryl Sandberg）在《擁抱B選項》（*Option B: Facing Adversity, Building Resilience, and Facing Joy*）一書中提到，不論來自什麼背景，相較於已婚婦女，喪夫的女性陷入經濟困境的機會高出兩倍。此外，喪親的孩子不論是在經濟或實質照顧上都比同儕承受更大的壓力。

這些改變的影響既深且廣。或許你是在十年前遭遇喪親的打擊，至今仍然走不出來。好消息是，重新振作、做出積極的改變永遠不嫌遲，不論是實際生活或心理的改變。

我們將在本章探討**悲傷的復原模式**，幫助你找到恢復生活的方式，同時亦不抹煞你的悲傷歷程。這麼做能夠讓你的生活重拾平靜，減輕你的焦慮。

什麼是悲傷復原力？

悲傷復原力是指：當我們面對失去時，即使痛苦令人難以承受，我們還是可以採取積極正向的方法與步驟，找到振作的力量與學習處理的技巧。

有個新進的研究領域指出，人類的復原力，也就是面對創傷與失去之後重新再站起來的本能，與我們的生活越來越同步，我們可以不斷創造出新的方法從各式經驗中找到意義。

米勒醫師談悲傷復原力

有些人認為悲傷與復原力無關。舉例來說，如果你正在傷心難過，那麼你就是個可憐蟲，你沉浸在悲痛中。這與復原力根本沾不上邊。

問題是我們可以擁抱我們的痛苦，也可以把它視為一個沉重負擔。這兩條路都有危險，但從中我們可以看見悲傷與復原力的關係。以我為例，我對於自己因意外而傷殘以及姊姊的死感到懊悔，但我沒有好好走過悲傷歷程。我沒有悲傷。我以為最勇敢、最令人欽佩的做法就是讓自己振作起來，盡快回復正常生活。那是我當時以為的英雄典範。

現在回想起自己竟然曾經抱持那種電影情節般的想法，我都覺得不好意思。沒錯，我們總是可以傷心難過，我們總是可以用某種方式與逝者連結，但我認為喪親之後我們的身心有段時間很不一樣。我們處在一個不同的地帶。我們很脆弱，但我們也能夠接受。然而我沒有好好地悲傷。我沒有傾聽自己的悲傷，也沒有好好接受它。

那麼悲傷和復原力之間的平衡點在哪裡？根據我自己的經驗，為了紀念那些我所失去的，也為了榮耀那些我還擁有的，我認為最好的方式是讓自己的生活變得更美好。假如我檢視自己或者檢視患者，發現自己或他們陷入悲傷，甚至影響到人際往來，無法面對現實，對我而言就必須採取行動。

問問自己，你一直以來的狀態是否對生命有益？是否有助於你活在當下？如果是的話，恭喜你。但是如果你對悲傷已經感到麻木或是過度沉浸其中，這些問題可以在這個過程中拉你一把。

我見證過數百位案主走過悲傷歷程，我知道並非所有人都具備悲傷復原力。我相信有特定的人格特質和情況更容易產生這樣的力量。不過我也相信在悲傷復原力中的某些技巧和概念是我們所有人都可以利用的。更重要的是，這些方法能夠減輕我們的焦慮。

悲傷復原力是指在悲傷歷程中採取主動積極的態度。你可以哭泣與哀悼，但你也要檢視你的處理方式，並且確實開始重塑你的人生。重要的是不要因為這樣的失去就讓你自己一蹶不振。對有些人來說，這或許和悲傷的歷程有所衝突；有些人認為重新振作、展開新生活，就表示要放下過去、遺忘逝者，但這並不是復原力的意思。

我們可以維持與逝者的連結同時過著有意義的新生活，儘管聽起來可能很不容易。我真心相信我們可以在悲傷的歷程中找到復原的力量，而復原力可以有效減輕焦慮，讓你不會那麼心力交瘁。這樣的重建可以在喪親後的第一年、甚至好幾年之後開始。

這樣的重建格外重要，因為它和焦慮有關；缺乏這樣的重建，也沒有好好檢視內在的情緒，並用錯誤的方式加以壓抑，焦慮就會開始出現。

在此我將介紹兩位女士，蘇珊．漢妮芬．麥可奈博（Susan Hannifin-MacNab）和泰碧．盧克（Tembi Locke）。我要以她們的故事說明悲傷復原力如何發揮作用，以及在經歷重大失去後好好盤點自己生活的重要性。蘇珊和泰碧都在年輕時便失去了丈夫，兩個人都有過喪慟與焦慮的經驗。

蘇珊的丈夫是在一場車禍意外中喪生，兩人的孩子當時才五歲。他是在星期天開車外出行經山間時沒了音訊。蘇珊打電話報案說丈夫失蹤，甚至雇請私家偵探找了好幾天。幾個星期後，一位攝影師在湖邊的山谷間發現他的車子。警方在蘇珊跟丈夫的結婚週年紀念當天找到他的屍體。隔天便是蘇珊的生日。

我在加州奧海鎮一處我所主持的悲傷治療中心認識她，當時距離她先生去世已經過了兩年，她看起來生氣勃勃且充滿自信，不過我明白她的心裡依然帶著深深的傷痛。更重要的是，她感到挫折與憤怒。她很氣自己的命運多舛以及兒子小小年紀就得經歷這樣的創傷，而她想要找到解決這種情緒的方法，以免它們毀了她和孩子。

我帶著蘇珊檢視她的憤怒，讓她看見隱藏在憤怒底下的悲傷與難過。對蘇珊來說，允許自己悲傷是一件困難的事，她覺得她現在沒有辦法悲傷，因為她還有年幼的孩子需要照顧。但是在治療中心的那個週末，她讓自己面對內心的悲傷，也處理了一些的憤怒情緒。

後來蘇珊出版了一本書，書名是《治療工具箱：引導悲傷與創傷的實用指南》（*The A to Z Healing Toolbox: A Practical Guide for Navigating Grief and Trauma with Intention*）。蘇珊可以說是悲傷與復原並行的最佳實踐者。她向我解釋說，她認為「具備復原能力的人會向外求援，幫助他們理解並馴服內在的焦慮。他們不會因為焦慮不安就批判或責備自己，他們會去尋找資源跟工具來解決問題，不論是求助他人、上課、參加支持團體、找專家或採取其他方法。」她相信：

難過和沮喪是悲傷歷程的正常反應，也是復原力的一部分。首先我們必須去感受我們的感受。這是第一步。悲傷的程度往往和我們與逝者的關係有關。愛得深，自然也會痛得深。我深愛我的丈夫，他的死讓我喪慟萬分。我認為，除非一個人走過悲傷、憤怒和孤單的過程，否則無法達到復原或創傷後成長的階段。我的牆上貼著一段話：「別忘了你是人。崩潰沒關係，只是別就這樣停在那裡。大聲哭喊出來，然後重新找到前進的方向。」這些話提醒我，感受、哭喊、尖叫、咆哮都沒關係，然後要繼續往前走。

這正是許多案主們走不出來的原因。他們想要堅強度過喪親之痛，不想經歷伴隨悲傷而來的各種情緒。然而當我們忽略這些情緒，不去處理悲傷、憤怒與孤獨的感受，我們內在會出現許多衝突，焦慮因此產生。

悲傷的反應與回應

我在第二章介紹過湯瑪斯・安堤格的論點，不同於傳統的悲傷五階段，他表示喪慟所造成的是**悲傷的反應**（grief reaction），包括所有我們想得到的情緒，諸如難過、失望、憤怒與困惑。但是我們怎麼做則是**悲傷的回應**（grief response）；這裡的回應指的是我們如何學習適應和面對轉變後的世界。

「當我們準備好從困住我們的悲傷反應中跳出來，儘管悲傷持續存在，但我們會積極參與周遭世界，我們開始面對重新適應這個世界的種種挑戰，」他寫道。「我們會處理並表達情緒，」他繼續解釋。「我們會改變動機、習慣和行為模式。我們會修正人際關係。我們會尋找意義。我們也無可避免要尋找新的意義。在過程中我們改變了自己。死亡、喪慟以及我們的悲傷反應，並不是選擇的問題。但是我們可以選擇對悲傷做出正面的回應。當一切就緒，我們必須選擇踏上一條轉變的道路。」

泰碧．盧克是一位女演員兼演說家，出版了《從零開始》（*From Scratch*），她的丈夫薩洛經歷長達十年的抗癌過程，最後仍宣告不治，留下她獨自撫養七歲大的女兒。這段經歷讓她體會什麼是悲傷，也讓她知道什麼是復原力。

泰碧告訴我，「從許多方面來看，我已經深陷悲傷很久很久了。我從三十歲開始照顧罹癌的丈夫，前後長達十年。這意味著我有好幾年的時間都受到情緒的折磨，但我不知道為什麼。我預期會失去我的伴侶、愛人、摯友以及孩子的父親，我的焦慮難以言喻。」她繼續訴說自己的經歷：

這十年來我活在丈夫隨時會不敵病魔的焦慮中，神經時刻緊繃。照護與治療等各種難以預測的狀況，讓我一直處在警戒的狀態。除此之外，我也經歷過預期性的悲傷。焦慮伴隨而來。為了活下去，我必須學會活在當下，把自己拉回現實。這需要很多的努力與精神，但我是這樣才走過來的。

薩洛死後頭一年，某種程度上我的焦慮被掩蓋起來。焦慮與悲傷已經交織得難分難解，我無法分辨。實在很不好過。到了第二和第三年，焦慮越來越明顯，隨時隨地都會出現。遠方傳來的警笛聲都會觸動我創傷後的敏感神經。現在我偶爾還是會出現這種症狀。或許那是我的神經系統對於特定環境和恐懼自動做出的回應。從某個方面來看，那是長期創傷的後遺症。但現在我很清楚焦慮的徵兆，我可以感覺到它們將要出現。我也知道如何引導恐懼以及安撫恐懼。我也學會控制我的焦慮，承認並接受它。

當我問及她採取什麼樣的復原行動時，她說：

簡單來說就是用盡一切方法。我真的試過許多辦法處理悲傷的情緒，接受它的存在。我想悲傷本身就是一種復原力。它讓我在面對喪親的痛苦時還願意去嘗試和努力。復原力根植於我們的意願。

就實際層面而言，我確保我身邊的人能夠支持我、陪伴我。我知道這樣我才會有安全感。因此在悲傷歷程中，我會慎選陪伴的人。如果一個人沒有感受到支持的力量，我不認為他會有復原力。

我寫了很多東西，真的很多。我寫了很多無法投遞的信，它們幫助我看清楚自己受的傷、我想要什麼樣的改變，以及我希望踏上什麼樣的人生。

泰碧跟我說：「有些方法你自然就會，像是暫停工作、與正向且可以鼓勵你的人相處。其他方式則來自於別人的建議和閱讀。悲傷諮商也提供我很大的助益。我是一個充滿好奇心的人，我不害怕面對自己的情緒。我對於任何可以啟發我或感動我的事物保持開放的態度。我認為我天生傾向接受和探索新事物。如果我突然聽見一個建議、去到一處地方或出現一個想法，而我覺得那對我會有所幫助，我就會毫不猶豫把它納入我的生活，讓生活變得更好。」

我見證許多案主走過悲傷的歷程，其中有些人充滿復原力，而我認為泰碧提到的好奇心是一件很重要的事。我們必須想要去認識這個過程，並且以過去沒有嘗試過的方式去探觸與理解我們的情緒。悲傷不同於我們生活中遭遇的其他事物。它會令人難以承受，有時候也很嚇人。當我們願意去面對它，去探究它對我們造成的影響，我們才有辦法克服它。

露西．荷妮（Lucy Hone）醫生在《悲傷復原力》（*Resilient Grieving*）一書中說道：「讓自己從悲傷中復原，並不表示你得隱藏你的悲傷、不幸、痛苦或傷痛。它只是說你要接受此刻發生的事——當這些情緒來臨時，敞開心胸迎接它們，讓它們進來。但隔天一早你會選擇再站起來，你知道假如你要贏得這場生存戰，你必須採取行動，重新找回生命的控制權。」

那麼我們應該要怎麼做呢？以下是關於悲傷復原力的基本概念，不論你現在正處於悲傷歷程的哪個階段，都可以加以應用。

建立規律的作息。打造一套規律的行程表或例行活動，儘管生活遭遇變化，但這麼做可以安撫大腦，讓我們的潛意識知道我們是安全的。這麼做也會對我們的身體和中樞神經系統產生鎮定的效果，讓我們可以避免容易觸發恐慌發作的身體反應。

我母親過世以後，我中斷大學學業一年。我的生活作息混亂，熬夜、想去哪裡就去哪裡，完全沒有任何計畫。那時候我認為這就是我想要的——媽媽走了，什麼都不一樣了。現在回想起來，或許當初繼續待在學校對我來說會比較好，雖然悲傷難過，但至少生活有個秩序。到處漂泊的生活反而增加我的焦慮以及無所依靠的感覺。

泰碧也表示，「頭一年我滿懷憤怒，但我下定決心盡可能保持生活完整。因為當時我女兒才七歲，我希望維持家庭和作息的穩定。此外，過去十年花在照顧罹癌丈夫的時間和精力突然找不到出口，我想我轉而把力氣投入確保所有應做事項都能夠有條不紊的完成。我幾乎到了吹毛求疵的地步，但這麼做能夠保持我的頭腦清醒，只要我沒累垮的話。」

檢視什麼對我們是有幫助的。荷妮醫生鼓勵悲傷的人問問自己：我這樣的行為對自己是「有益或有害」？這表示你要注意自己都在想些什麼。你是否過度執著於罪惡感，不斷想著「如果……會怎麼樣」的問題，或是腦海裡反覆播放痛苦的畫面？

這些都是悲傷的正常反應。我們的心智像魔術方塊般不同旋轉排列發生過的事情，試圖找出其中的意義，或者重組各種事件而想要得到不同的結果。再次強調，這是正常也可以預期的反應，然而經過一段時間以後，我們必須逐漸放開這些想法與念頭。

一旦你發現自己不斷出現某些念頭，請停下來問問自己，這麼想真的對你有幫助嗎？如果沒有，是時候拋開它們。我將在第八章探討更多「重新訓練大腦」的方法。

尋求幫助。這一點看似理所當然，但是我遇到許多遭遇喪慟的人根本不敢向外求援。他們認為周遭的人無法提供他們真正需要的幫助，再不然就是害怕開口請別人幫忙。讓身邊的人知道你需要什麼，不論是協助家務、財務規畫，甚或只是聽你訴苦，都能夠減輕你的負擔與壓力。你會驚訝地發現周圍很多人在知道你的需求之後都會樂於伸出援手。

開口請別人幫忙從來不是一件容易的事。面臨喪慟，我們的生活模式和情感力量都會顯著改變，有時候我們得強迫自己踏出舒適圈，甚至暫時拋開社會束縛。蘇珊說道：

我丈夫死後，我的世界整個崩塌。從前我們兩個人一起養育孩子，如今責任全落在我一個人身上。從前我們兩個人都在工作，如今只剩下我一個人賺錢養家。從前我們一起照顧這個家，不論煮飯、打掃、支付帳單、繳稅、陪伴孩子、採買雜貨，但如今只剩下我一個人。我不可能一個人完成所有這些事情，所以我尋求幫助。我把責任分出去，找一群人協助我。他們過來（與留下）是因為他們想要幫忙。我們的社會文化認為成年人無論如何都應該獨立，但是當悲傷來襲時，我完全不管這些看法。我記得跟丈夫住在夏威夷時，我們跟家人和朋友在生活上總是相互依靠。我認為那樣很好，我的生活因此不同。

照顧你自己。把自己的身體顧好向來是最重要的一件事。喪慟會讓人吃不下也睡不好，整天無精打采的。在這段期間照顧好自己的健康至關重要。吃健康的食物、運動和多休息，能夠降低你的壓力和焦慮。

「運動對我來說是很有效的療癒，」蘇珊對我說。「在那段悲傷的期間，我每個星期運動六到七次。我會去散步、健行、游泳、騎腳踏車、溜直排輪、划獨木舟、划船……儘管過程中我總是落淚。對我來說運動是一種習慣，只有在運動時我才感覺『正常』。此外，我知道我需要增加腦內啡以減輕焦慮和憂鬱的症狀。」

尋找光明面。當我們陷入悲傷時，很容易以負面的角度看待世界。在悲傷的歷程中，如果讓情緒停滯太久的話，往往會變得看什麼都很消極。

有多年的時間，我只能從「失去雙親的可憐人」這個角度看待自己。我只看到我失去了什麼，以及我的生活因為父母的死而毀於一旦。最終，我開始努力尋找生活的光明面，這麼做讓我周遭的一切都跟著改變了。

這個過程並不容易，需要花費許多精神。你可以坐下來，列一張感謝的清單，提醒你自己感受生活中那些美好的時刻和經驗，並再次提醒自己，擁抱現在的生活並不代表遺忘逝去的人。

分散注意力。沉浸於負面的思緒，或是陷入心理學所謂的「反芻思考」（rumination）★，很容易變成一種習慣。積極參與各種活動可以分散你的注意力，打破負面思考的循環。去看場電影，做做園藝或培養其他嗜好，或是跟那些令你感到自在的人交往，這些行動對於減輕造成焦慮的負面想法有深遠的影響。

泰碧表示她同樣會利用分散注意的方式幫助自己走出低潮。

我強烈感覺我必須接受悲傷以各種形式出現。我必須靠近它，認識它，承認

★編按：指遭遇失敗或不愉快的經歷後，反覆思索並沉溺在負面情緒中。

它的強度，把它視為我生活的一部分。我必須理解那個「悲傷的我」——她喜歡什麼、不喜歡什麼、需要什麼。如果我不去理解這個重要的部分，等於關掉了一部分的情感。我會失去我自己。這對一個有創造性的人來說是行不通的。當然，這不表示我沒有分心的時刻。我會去旅行、參觀博物館、看電影；我會做些能夠振奮精神的事。我會改變房間的布置、買新衣櫃、看電視。做這些事情讓我能夠暫時喘息，覺得回到正常生活。這些分散注意的時刻拉了我一把，讓我看到希望與未來的可能。

好的分心與不好的分心只有一線之隔。問問自己，你是想要利用這些讓自己可以轉移注意力的方式來逃避悲傷，或者你選擇從事的活動真的是有益健康。

創造儀式。找到讓自己覺得自在與舒服的方式，將逝者帶入我們的生活中。我們的內心渴望與逝者保持連結，不要否認這種內在的需求。創造屬於你自己的方式去延續這樣的連結。做做逝者最愛的餐點，每天夜裡點上一根蠟燭，說說他的故事，安排紀念計畫，或是為他生前關心的事物盡一份力。

與他人保持連結。經歷重大的失去之後，有時候與他人相處會變得困難。找到**對的**人陪伴會讓事情有所不同。看看周遭的人，與那些令你感到不自在的人保持距離；與那些能夠體會你的感受的人相處。參加支持團體，或者與有相同經歷的朋友聊聊。想辦法讓悲傷之路不會那麼孤單，這麼做可以帶來很大的慰藉。

創造意義。從失去中尋找意義，對於重拾平靜和平安是無價的。這並不是要你去思索對方為什麼會死，而是試著讓死亡與悲傷變得更有意義。想想逝者是否有特別感興趣的事物？你可以繼續替他努力下去。你的痛苦是否讓你變得更有同情心？你可以因此去幫助更多需要幫助的人。

接受失去的事實。復原力來自於打心底接受失去的事實。對許多人而言，這意味著我們必須面對悲傷，敞開心胸接受生活的改變，想辦法克服傷痛。聽起來或許很嚇人，然而實際去做並沒有想像中可怕。

接受所愛的人已經走了是一條漫長的道路。在悲傷的歷程中，你必須做出各種接受。不用為此感到害怕，有時候時間到了你自然就會接受。

設計你的復原計畫

- 列出你需要他人幫助的事項清單，包括各種瑣碎小事。

- 與朋友或家人分享你的清單，尋求他們的支援。
- 找出特別令你感到痛苦或恐懼的地方，檢視原因並找出克服的方式。
- 與治療師或支持團體分享你的清單，尋求支援。
- 檢視真實的財務狀況，尋求專家建議或家人朋友的意見。
- 列出生活中哪些事情會不必要地耗去你的時間精力，減少這些壓力源。
- 培養能夠帶給你快樂和心情愉悅的新嗜好或各種活動。
- 維持或是增進你的體能。
- 認識能夠以正面的方式提升你生活品質的人。
- 持續檢視這份清單，完成的打勾，再添入新的事項。
- 在做出諸如搬家或轉換跑道這類重大的改變之前，記得詢問他人的意見。經歷失去之後，我們經常會出現想要改變的衝動，但必須先確認自己真的已經準備好了。

創造你的復原力

當我們深愛的人離開人世之後，我們的生活無可避免會產生劇烈的改變。正如許多關於悲傷的理論所提到的，接受改變並開始創造新生活，是悲傷歷程的一部分。在這個過程中，請對自己有耐心一點。改變需要時間，不是一蹴可幾。

同時我也要提醒你，不要利用這些技巧來迴避悲傷的情緒。你可以也應該同時進行：給傷心難過和憤怒的情緒一些空間，但也努力讓自己重新再站起來。

記得，面對人生中的劇變，覺得心力交瘁是很正常的事，但是如果你沒有想辦法接受它們，重建你的生活，你會感受到更多的壓力和焦慮。也請記得，獨自面對這些改變是一件困難的事。向外尋求支持，創造新的支持網絡，讓那些願意幫助你的人們協助你往前邁進。你或許從未想過人生會出現這樣的轉變，但是請相信你仍然可以重拾穩定的生活。

焦慮檢測表

檢視你的焦慮程度。在本章中，我們看到失去會帶來各種生活改變，但我們也學到了讓生活重新回到常軌，以及再度尋回掌控權的方法。在悲傷的歷程中找到自己的復原力，是減輕焦慮的重要關鍵。

以一到十作為評分標準（十代表焦慮程度最高），你覺得你現在的焦慮有幾分？

1　2　3　4　5　6　7　8　9　10

你目前有以下哪些症狀？

□恐慌發作
□失眠
□噁心
□頭暈
□心跳加速／心悸
□過度憂慮
□憂鬱症

如果你經常感到恐慌或是過度憂慮，請直接跳到第八章和第九章，學習如何平息你內在的焦慮。而接下來我們將進入下一章，思考在歷經喪慟之後，我們可以做出什麼樣的積極改變。

第六章

盤點你的生活

倘若沒有了恐懼，你會怎麼做？

——雪柔・桑德柏格

前一章談到如何利用悲傷復原力重拾我們的生活，本章則要進一步討論接下來的行動，檢視當我們失去所愛以後，倘若我們忽略了重整與改變生活的需求，那麼焦慮將會以各種不同的方式出現。

喪慟總是提醒著我們，人生在世有如白駒過隙，我們必須好好把握時間。然而伴隨喪慟而來的，也會是一種領悟與自由。你突然明白了什麼才是最重要的，你想要把自己的生活過得更好；不過有時候有些事情真的很難做到，於是焦慮便會乘隙而入。

在「擁抱各種生命可能」與「承擔責任和規畫未來」之間取得平衡，是這趟旅程中的重要部分。如果你發現自己陷入以下這樣的狀況也別太訝異：突然想要做出重大的生活改變，因為你現在才知道自己真正想要的是什麼；或者有時候更困難的是，你知道自己必須做出改變，卻又發覺自己動彈不得。我將舉不同的個案和專業人士為例，介紹他們如何處理這樣的問題。

米勒醫師儘管三重截肢卻依舊騎著車到處遊歷，他看起來像是個沒有焦慮的人。當我問及他是否也會感到焦慮時，他說：「我原本想回答沒有，但其實我有。當我們捫心自問是否確實善用時間時，焦慮感就會油然而生。我是否盡所能地熱愛我的生命？我是否做了自己相信是對的事情？就某方面來說，恐懼死亡是因為害怕沒有活出我自己想要的人生。如果這些擔憂的本質是一樣的，那麼沒錯，我確實對於死亡感到焦慮。」

檢視種種對於生活的領悟，是往前走並重建自我認同，以及克服過程中所有焦慮的關鍵。有許多方法可以幫助我們以積極且有意義的方式面對焦慮。在此我想以伊森的故事作為開場，因為他的這趟自我實現之旅，正是我想帶領所有案主以及讀者達成的目標。

伊森的故事

伊森在恐慌發作之後前來找我做諮商。恐慌發作時他正在工作，他不知道為什麼會這樣，不過他猜想大概跟一位摯友最近剛去世有關。朋友的死觸發他過去的喪慟經驗——他在青少年時期遭逢父喪，而如今他已經三十幾歲了，總算能夠以不同的方式接受失去父親的強烈衝擊。

透過諮商伊森才發現，父親的早逝對於他的自尊以及情感關係造成莫大影響，而朋友的死則是催化劑，幫助他看清楚是時候該做出改變了。

失去摯友對他這個年紀的人來說像是警告一般，提醒他生命苦短，從而導致一連串讓他精神耗弱的恐慌發作。伊森知道他並未過著自己想要的生活，加上心中埋著失去父親的喪慟，以及對於事業和感情生活的不滿，恐慌就這麼來襲，讓他不知道該怎麼辦才好。

在諮商治療的幾個月期間，伊森跟我一起努力要解開悲傷的盤根錯節。為了瞭解喪親對他造成的影響，我們必須揭開一層層的情緒。摯友的死只是一個警訊，失去父親的喪慟才是我們需要去處理的問題。

由於父親過世時他只是個孩子，無法理解與處理喪慟帶來的連串複雜情緒，再加上他必須承擔起家中堅強男性的角色，因此也沒有時間與空間可以好好消化自己的悲傷。這樣的壓抑與壓力直接影響到他的感情生活。此外，伊森的內心潛藏著很深的憤怒，有時候會在無預警的情況下爆發出來。

儘管身為治療師的我不難看出要解決伊森的焦慮，首先必須設法幫助他面對失去父親的喪慟，然而一開始伊森每個星期來到診間時總是只談日常生活的挫折，而且顯然只想談這個。他對於律師這份工作滿腹牢騷；這是他追求的工作，但他從未生出熱情。而他對於交往很長一段時間的女友也不滿意，覺得兩人並不適合。當女方談到結婚時，他只希望自己能夠有勇氣提出分手，可是實際上他又害怕一個人孤單過日子。

伊森的恐慌症狀不見好轉。他經常在工作中恐慌發作，有時則是在一早醒來之際。他告訴我恐慌發作前並沒有任何異狀，他照常準備例行事務，接著他會突然一陣暈眩，感覺腎上腺素飆升，開始呼吸急促、頭昏眼花。每回發生這種情況，他都以為自己快要死了，眼前閃過人生跑馬燈。他看遍醫生，也做了各項檢查，結果都沒有任何問題。他來找我進行諮商時，對於恐慌不知何時會再度發作感到很焦慮。

我請伊森跟我一起努力幾件事。首先，他必須知道焦慮是正常的反應。他內心充滿了懊悔、恐懼和憤怒的情緒，而恐慌發作是它們唯一的出口。是他的想法創造了那些情緒，從而讓他的身體產生一連串「戰或逃」的反應。

起初我跟伊森之間的對話大半都是關於他目前的生活，以及他想要做出的改變，慢慢地我們把重點轉移到談論隱藏在他內心的喪慟，以及失去父親對他造成的影響。這對於伊森來說並不容易，因為將近二十年來，他一直假裝一切都沒事。要他承認這個喪慟，對他來說很痛苦。

我把之前談到的「行李箱比喻」說明給他聽，並向他解釋要在我面前打開他的行李箱，和我一起檢視塞在裡頭好一段時間的東西，對他來說一定很困難，但是我們可以重新安排那些東西，丟棄或是加進其他能夠幫助他克服喪慟的工具。我們列出了在他恐慌發作時可以做的事。我教導伊森冥想，並帶著他一起練習，也讓他每天撥出一些時間進行冥想。（第九章將對冥想有更詳細的說明。）

伊森採取冥想的方式面對情緒的困擾，並學會觀照內在的焦慮，同時也準備開誠布公與女友談論他內心的想法。而我們的諮商會談則是開始著重在處理他的喪父之慟。

在某次諮商期間，我引導他回想父親過世那天發生了什麼事——他親眼目睹父親突然心臟病發作，而這段回憶已經埋在他心裡很久了。儘管挖掘這段傷心往事令他感到痛苦，卻十分值得。他開始可以將他內在的恐懼、悲傷與創傷表達出來，讓它們重見天日，也讓他自己能夠喘息。不論我們是否意識到自己的內心深埋著什麼回憶，如果我們可以在一個讓我們感到安心自在的地方回想或是面對這樣的回憶，將有助於減輕內在的壓力。

我帶著伊森檢視了失去父親的喪慟對他的成長造成什麼樣的影響。歷經創傷性的分離，他發展出一種逃避型依附（avoidant attachment）的性格，導致他無法和女友產生親密的感情。早年遭遇喪親往往會影響一個人之後的重要情感關係。相較於維繫一段穩固的感情，內在的焦慮或逃避依附的傾向將讓他無法建立健康的關係。

經過幾個月的諮商，伊森的焦慮明顯減輕不少。他學會面對情緒的新方法，釋放而非壓抑內心的憤怒，並且開始處理自己的悲傷，整個人顯得放鬆不少。一旦他覺得自己更穩定之後，接下來的任務是：重新找回生命的主控權。

伊森最大的恐懼是他會像父親一樣早逝，沒有活出自己想要的人生。因此，除了做出實質的改變之外，我們還花了很多時間談論他對死亡的看法，以及死亡是什麼模樣。

伊森從未真正去思考這些問題。他不清楚自己對於死亡或死後世界的看法。我們之間有很多靈性的探討，伊森也學著去探索不同的宗教以及靈性觀點，這麼做為他帶來安慰與平靜。（第十章將有進一步討論。）

接受諮商兩個月之後，伊森的恐慌症狀不再發作，不論在情緒、精神以及身體方面，他都感到輕鬆許多，也讓他更有動力去掌控自己的人生，做出過去害怕的重大改變。他與女友開誠布公談過，他發現他其實並不想要分手，而是想要有更深的情感連結；這對之前的他來說根本不可能辦到。

伊森在事業上同樣做出重大改變。他辭去了令他灰心喪志的事務所工作，自己開設了一間小公司，專門替移民打官司並提供低價的法律諮詢服務。他甚至重拾彈吉他的嗜好，並計畫一趟期待已久的旅行，甚至還選讀了藝術課程，讓自己的創造力能夠發揮出來。

諮商治療結束後，伊森的生活有了完全不同的面貌。他步上新的事業軌道，存錢買了戒指向女友求婚。他的情緒穩定許多，恐慌與焦慮也幾乎不見蹤影。

改變不代表遺忘或結束

當所愛的人逝去之後，**盤點**你自己的生活是悲傷歷程中很重要的一部分，也是減輕焦慮的一個重要方式。正如我們從伊森的故事中看到的，失去可以是一記警鐘，提醒我們人生的優先順序，有時候也會讓我們知道自己並未走在正確的人生道路上。

然而，我們經常害怕往前走意味著遺忘或放下過去，我要再說一次，事實並非如此。你可以開展新的人生，過著有意義的生活，同時又與逝去的摯愛保持連結。這兩件事情可以並存：你可以想念逝者，希望對方仍然陪伴在你身邊；但你也可以重建沒有對方的新生活。

每個人的重建時間表都不一樣，我希望你可以找出最適合你自己的步調。有時候我們會強迫自己返回常軌，試著藉此擺脫悲傷；有時候我們則是沉溺在悲傷中良久，最後才找到前進的道路。你可以自我檢視一番，甚至與朋友家人一起檢視你目前的狀態。

泰碧・盧克的悲傷時間表

我還記得薩洛過世一週年時，我有種被騙的感覺。我總以為只要我可以熬過第一年，盡可能活在當下，那麼我就會覺得好過一些。但是當我走到第一年的盡頭時，想到接下來還要傷心難過好幾年，我就覺得無力。我並沒有感到好過些，而是覺得更加失落。我不但得面對自己的悲傷，還要安慰失去父親的女兒。照顧喪親的孩子又是不同的狀況，實在讓人很揪心。

第二年我稍微清醒一點，認清現實的世界。我每天晚上祈禱，一早起來就盤腿冥想。我還記得這一年我感到幻滅，我想這大概是我的憤怒形式。同時我也感到焦慮。我去看了很多醫生，我確定我一定是有什麼問題。我的悲傷變成身體的症狀，我老覺得不舒服。女兒害怕失去我而不安，更加深我的焦慮。這樣的惡性循環持續數個月，我大概花了一年時間才走出來。

或許要到了第三年的尾聲，我才開始看見新生活的跡象。那時候我對自己的悲傷有了足夠的認識，比較能夠理解讓我感到失落的種種事件和原因。我發展出一套自我照顧的支持系統和「工具」。說到自我照顧，我指的是知道何時該退出、何時該休息、何時該讓自己放鬆。當我發現自己正在悲傷的黑色冰面上打滑時，我學會把手從方向盤上移開。我必須放手和投降，讓這個時刻過去，重返安全之地。那一年，我開始尋找療癒悲傷的方法，讓失去可以變成一件美好而有意義的事。

第四年，我開始對生活感到好奇，我開始思考自己想要什麼。我想找回在喪慟中失去的自我，以及身為照顧者多年而失去的那個自我。我再度燃起對工作與個人發展的渴望。我願意去赴約，也積極爭取工作機會。生活很嚇人，卻也充滿各種可能性。我的可能性。我已經悲傷夠了，現在再度充滿能量。我的焦慮也減輕了些。

如今薩洛已經走了五年，我對失去他也有了不同的感受。悲傷還是每天都來，只不過方式不同。沒有比較不痛，依然會讓我難過不已。但現在我對於悲傷的來與去更加熟悉。我花了五年的時間重新建立與死亡和悲傷的關係。

我想說的是，這是一段過程。對我來說，這個過程以不同的速度前進（它仍然在移動）。我的復原力在於我願意在看似絕望之中面對未知。當人們看到我好起來了，他們看到的其實是一個努力對生活保持好奇與開放的人。當然，看見那些失去配偶、孩子或手足的女性（和男性）從喪慟中走出來、開創自己的生活，激勵我找到自己的路。我總是問他們是怎麼辦到的、用了什麼方式。他們的勇氣是我的復原力的養分與靈感。

找出需要改變的地方

當你閱讀下列的問題時，請不要覺得不知所措。也許你對這些問題或是少部分的問題帶有強烈的情緒反應。不論如何，面對需要改變的生活總是不容易。但是請記住，承認需要改變的地方，是療癒的第一步。一旦你找到可以變得更好的部分，就可以開始慢慢針對這些地方做出改變。

問問自己以下這些問題：

一、在你的生活中有哪些事情是你想要改變的？工作？家庭？財務狀況？你可以採取哪些改變步驟？現在做這些改變適合嗎？請詢問朋友、家人或治療師的意見，評估你的答案。

二、你是否有任何需要戒掉的壞習慣？飲食過量？抽菸？酗酒？許多人藉由諸如酗酒、嗑藥、性愛、飲食、上網、重新裝潢、改建房子等短期的行為改變，來暫時分散悲傷的痛苦。試著減少或消除這些行為，有助於舒緩焦慮與罪惡感。有許多支持團體與專業治療師能夠幫助你戒除這些行為。

三、你是否陷入一段需要改變或結束的關係中？看看你身邊的人，問問你自己他們是否對你的生活有益或有意義。如果沒有，想辦法改變這些關係。

四、你是否需要修補和某個人的關係？那是否讓你感到壓力沉重？請參閱第四章，敞開心扉修復破裂的關係。

五、你是否設定了一個目標（寫書、跑馬拉松、學習新語言）卻遲遲沒有去做？或許現在正是時候朝著這些目標努力。

六、問你自己：倘若沒有了恐懼，你會怎麼做？

七、你對這個世界有貢獻嗎？怎麼做會讓你有貢獻世界的感覺（擔任義工、捐款、幫助需要幫助的人）？想想怎麼把這些行動融入你的生活。想辦法讓自己覺得活得有意義，是減輕對自我定位感到焦慮的最佳方法。

八、所愛的人離世之後，你可以做些什麼積極正面的事情？列一張清單，努力加以實踐。

為何喪慟容易讓人陷入不健康的關係？

我經常在案主身上發現這個問題：當人們失去所愛以後，往往會很快投入或維繫一段不好的關係，而這樣的關係可能是不安和焦慮的最大來源。

有些人在失去之後很快便開始一段不健康的關係，或者這可能變成一種經年累月的行為模式。因此不論你的喪慟是源自眼前的遭遇或是陳年的舊傷，檢視它如何影響你現在的關係，是擺脫焦慮並建立良好生活方式的重要關鍵。

失去摯愛會在我們的心裡留下一個巨大的缺口。原有的支持，不論是情感上、身體上或經濟上，此刻不復存在。面對這樣的情況，我們很自然會想要立刻找另外一個人來填補這個空缺，或者（有時是在無意識的情況下）對無法填補這個需求的其他親友感到生氣和挫折。

我見過有些人在喪偶之後便立刻投入另一段感情，但是在倉促之下做出的選擇，加上沒有好好處理悲傷的情緒，結果只是讓生活更加波動不安。

失去父母或手足的人同樣會想要複製原本的關係，或是在愛情關係中尋找這樣的角色，但往往會發現匆忙尋找的對象跟想像中的不一樣。

首先，我們要知道，這是人類的正常行為。我們都是社會性動物，我們享受被愛、被照顧，也想要愛人與照顧別人。渴望親密的情感關係並沒有錯，當我們在悲傷的過程中感到難過與脆弱時，想要從另外一個人身上尋求安慰是可以理解的事。反過來說，有時候我們雖然渴望親密，卻又害怕失去更多，因此無法與他人親近。

當我們忽視悲傷，不去處理孤單、憤怒和被遺棄的感覺，而是立刻跳入另一段關係，往往只會陷入更大的困境。我們會沉溺在不健康的關係裡，不論是與朋友、同事、上司、孩子的關係，以及最常見的是愛情。我們會看到喪慟的陰影持續籠罩，形成一種依附關係。

我們可能也會發現自己對親密愛人很生氣，因為對方無法理解我們所經歷的失去。我有一位男性案主的哥哥過世了，事發後第一年他一直很氣他太太，因為他覺得她無法認同或是體會他的悲傷。

就喪慟而言，長期來說我們經常可以在各式關係中看到依附與「關係成癮」的問題。遭遇喪親之後，一個人可能會發展出一種焦慮依附型人格，他很難與朋友和愛人發展密切的關係，因為他時常擔心會失去這樣的關係——那個人會不會像之前的人一樣離開我？如果我敞開心扉去愛或是與他人建立關係，是否將會再次失去和受到傷害？

這些恐懼是很正常且可以理解的，不論喪慟事件或遠或近。它們會讓我們動彈不得，也可能會把我們推進不健康的關係。檢視喪慟對我們的各種關係所造成的影響，可以減少我們的焦慮，讓我們擁有更健康的情感生活。找諮商治療師談談你與他人的關係，有助降低身處在不健康關係中的焦慮。

蘇珊．漢妮芬．麥可奈博的丈夫死於一場車禍，她表示：「現在我只想把時間花在我想要和他相處的人身上；我不再覺得自己有必要去迎合或妥協。我已經整理出時間、空間和心靈來培養深厚、持久的友誼與關係。我不會在某些場合中感到焦慮，因為我不會接受這些邀約。我也不會對自己不和誰來往感到內疚。」

上述的例子是悲傷帶來的正面影響，以及它如何幫助我們看清楚什麼才是重要的，又如何做出對我們來說有益的改變。

我們為何拒絕改變？

我知道我不斷談到改變對於走出喪慟和焦慮是多麼重要，不過我必須坦承，這並不是一件容易的事。這一路上，或許你會發現自己抗拒著改變。

抗拒改變的主要原因在於改變很難，即使我們明知改變對我們有益。因為改變通常需要面對令人感到不安的事實（不健康的關係或是不好的行為），同時也必須面對我們背負了多少痛苦的事實。隨著改變而來的折磨，使我們裹足不前。

不過就像蘇珊說的：「具備復原力的人會主動尋求幫助，理解並克服焦慮。」具有復原力的人不會因為焦慮而自我批判或苛責自己，他們會去尋求資源與工具（諸如找他人幫忙、參加課程與團體、請教其他專業人士）來解決問題。

我可以向你保證，面對改變的痛苦將會隨時間淡去。循序漸進，在過程中尋求支持。不要期望一次做完所有的事情，也不要期望每一次嘗試都能成功。對自己好一點，試著從前人的腳步中找到安慰和鼓勵。

我認為悲傷歷程中最困難的挑戰在於：接受我們的生活將不可能再像從前一樣，因為對方已經走了。這是許多人一開始最抗拒的一件事。我們不想要我們的生活有所改變，我們試圖對抗這些改變。然而，迎向改變，接受我們必須過的新生活，正是療癒過程的一部分。

當我們抗拒改變或是抗拒想要做出改變的衝動，最終只會感到停滯不前與焦慮，因為我們內心深處知道，為了好起來我們必須重新開始。儘管困難，但是在面對焦慮時，我們必須謹記焦慮並不總是一種不好的情緒，事實上它也可以是一種激勵的力量。你可以利用一些方法讓焦慮推動自己前進。如果有什麼事情讓你夜不成眠，或讓你白天也無法集中心思，不要逃避它。關心它，傾聽它。你的心要你做出改變。接受它。在這個改變的過程中，你會發現一些美好的事物，或許你將因此成為一個更好的人。

焦慮檢測表

檢視你的焦慮程度。在本章中，我們談到喪慟作為一記警鐘，提醒我們想想自己想要卻尚未開始的生活。請記得，我們之所以害怕死亡，是因為我們覺得沒有過著自己想要的生活。做出改變，擁抱你的生活和目標，可以有效減少對死亡的恐懼和隨之而來的焦慮。

以一到十作為評分標準（十代表焦慮程度最高），你覺得你現在的焦慮有幾分？

1　2　3　4　5　6　7　8　9　10

你目前有以下哪些症狀？

□恐慌發作

□失眠

□噁心

□頭暈

□心跳加速／心悸

□過度憂慮

□憂鬱症

希望到目前為止，你已經對你的悲傷歷程以及各種面對它的方法有了更多的瞭解。如果你仍然持續出現經常性的恐慌發作或過度憂慮，請跳到第八章和第九章，學習如何平息你的焦慮。下一章談的是在悲傷歷程中，如何透過書寫幫助你消化強烈的情緒，以及建立與逝者的連結。

第七章

書寫的力量

我在寫作時可以拋開一切；我的悲傷消失無蹤，我的勇氣重生。
——阿內絲．尼恩 Anais Nin

悲傷就像是一個存在我們身體裡面、活生生、會呼吸的東西。我們必須想辦法把它釋放出來，才能夠減輕內在的痛苦和焦慮。而將你的悲傷寫出來，是一個強有力的方法。

我明白「寫」對許多人來說是避之唯恐不及。你可能覺得寫東西對你來說很困難，或是認為自己不擅長寫。藉由書寫這項工具來緩解焦慮，不表示你必須成為海明威，也不必擔心下筆不易。

以書寫來療癒悲傷有助於減輕我們經歷重大失去後所承受的種種心理負擔，無論那是六個月或十六年前的遭遇。不管是真的拿筆寫或是用電腦打字，都是緩和緊張與壓力的直接方式，並可以藉此重建與逝者的連結。你之所以感到焦慮是因為堆積在心裡的一切思緒找不到出口，而本章將告訴你如何釋放它們。

在諮商治療的過程中，我會教導案主們使用書寫的方式。我給他們的書寫練習因人而異，根據他們各自的悲傷歷程而設定。

對某些人來說，寫信給逝去的人是療傷過程中很重要的一部分。有些人每天寫日記是為了釋放緊張壓力。而對其他人來說，單單是寫下他們對逝者的回憶就充滿療癒。積極接受書寫治療的案主們，往往願意多方嘗試。

不論處在悲傷歷程的哪個階段，我總是建議案主們可以寫封信給逝去的摯愛。通常光是想到要寫信給逝者，就會讓他們熱淚盈眶，因為寫信讓他們有機會與所愛的人以一種過去從未有過的方式重建連結。有時候案主們必須藉由寫信來解開心裡的結——也許是他們沒有陪伴在臨終病榻旁，或是沒有機會以他們想要的方式道別，或者可能是心中餘氣未消，甚或是與逝者的恩怨未了。不論原因為何，讓自己有機會伏案桌前，將心裡想要對逝者說的話都寫下，將能夠得到意想不到的情感宣洩，緩和讓人感到焦慮的沉重負擔。

還有些人單純只是太過思念，幾個月、甚至幾年來無法和逝者說說話，讓他們覺得自己就快要窒息。透過紙筆與逝去的摯愛溝通，訴說生活或簡單表達愛意，感覺就像是打開了一扇窗，讓微風吹進密不透氣的房間。所愛的人離世並不代表你們的關係就此結束。

對我的案主詹姆斯（第九章將詳述這個案例）來說，寫信給他的父親是幫助他走出喪慟與焦慮的重要關鍵。

我為了寫作本書而問及他六年前接受治療的經驗，他說道：「寫信的確對喪慟與焦慮很有幫助。我父親生前我每天都會跟他說話，他死後我們就沒有機會再對話了，我感到很失落。而寫信給他在很大程度上恢復了我們之間的連結，滿足我想要與他互動的渴望。」

當我問詹姆斯是否覺得需要抱持什麼信仰才能夠寫信給逝者，他告訴我：「我並不認為自己必須相信有死後的世界，但是我的確因此對它有更深的瞭解。我發現自己比起過往更傾向是不可知論者。寫信給父親就像是捎一封瓶中信給他，寫信的感覺很好，寫完信之後我感到如釋重負。」

當你接受了寫信給逝者的想法，有個重要的分別必須記住。在本書中你已經瞭解到焦慮是對於想法的恐懼，而非對實際存在的身體威脅感到恐懼。當你心裡害怕某件事，你的身體和情緒會做出反應。寫信也是如此。當你允許你的心智以這種方式與逝者再度連結時，透過書寫溝通你的身體和情緒會因而感到平靜，不論這樣的溝通是否「實際」發生。

我想補充的是，真的寫（不論是手寫或打字）很重要。書寫不同於在腦海中想像與對方說話。它背後有一個更深的意圖——直接影響你的大腦以及你的連結經驗。即使寫信給逝者看似很可怕或是很情緒化的事，我還是想請你嘗試看看。邊寫邊哭也沒關係，不要急慢慢寫。如果寫這封信需要花你幾天或幾個禮拜的時間（你需要暫停和喘息）也無妨。在這樣的過程中，請對自己寬容一點。

書寫為何如此有效？

正如我們在第三章學到的，承認並尊重我們內心的故事，想辦法將故事說出來，是很重要的悲傷練習。書寫是一個很好的表達方式。我相信所有人都能寫，我也相信透過書寫療癒悲傷是一種自然的反應。

我很年輕的時候就當了作家。寫作是一種令我著迷的方式，讓我可以表達自己和理解周遭世界。以前我經常不知道自己對某件事有什麼感受，直到我花時間把它寫下來，而我往往會驚訝地發現有些想法和感受因此浮現出來，讓我得以抒發自己。

我的書寫傾向在十幾歲的時候已然成形，那個時候我的父母雙雙發病，寫作成了我宣洩恐懼、悲傷和憤怒的途徑。我寫了許多關於母親罹癌以及表達我內心孤單的詩。母親走了以後，我寫了很多信給她，表達我來不及跟她道別的罪惡感。這麼做有助於我原諒自己。直到現在，我仍然會在某些紀念日或生活中發生重大事件時，甚或只是我非常想念他們的時候，寫信給我父母。

父親在我二十多歲時病重，當時我開始寫部落格，記載作為一個照顧者的點點滴滴。部落格受到的回響以及凝聚的龐大力量，讓我又驚又喜。每當我寫下我的悲傷，我的孤單便少了一些。這是書寫的美妙之一——你可以分享你的故事，而它往往會成為別人理解你的經驗的方式，特別是當你描述的是喪慟的經驗。

書寫自己的悲傷經驗是由來已久的一種方式。從一九六〇年代路易斯撰寫了《卿卿如晤》，到二十一世紀許多關於喪慟的回憶錄陸續出版，作家和讀者都受到喪慟故事的吸引。這不僅僅是因為作者在分享他們自己的故事時可以得到情感宣洩，作為讀者的我們在閱讀時也有同樣的感受。

在我十八歲時，我身邊沒有人跟我一樣遭逢母喪，甚至沒有人經歷過什麼人生波折。我感受到前所未有的孤獨，所以我做了我一直在做的事情——求助於書籍。我讀遍我能找到的每一本回憶錄，有些是關於可怕的事故、疾病、酗酒或背叛，但不論主題是什麼，我發現閱讀那些描述如何度過難關、最後迎向光明人生的故事總是令我感到安慰。

在這一章，我們將探討利用書寫來減輕喪慟焦慮的不同方式，從寫日記和寫信，到更具體的故事和簡單的閱讀。請試著拋開不安全感或抗拒，記住，這種書寫不是為了出版（即使你確實有這樣的考慮），而是為了療癒。

在我們進入實際練習之前，我想和你分享一些來自另一位作者的想法和建議。為了深入瞭解悲傷書寫，我聯繫了二〇一二年暢銷回憶錄《那時候，我只剩下勇敢》的作者雪兒．史翠德。這本關於史翠德喪母之慟的回憶錄，是歐普拉圖書俱樂部的選書，被翻譯成幾十種語言，還翻拍成電影，由瑞絲．薇斯朋擔綱主演。但在獲得這些榮譽之前，史翠德內心一直認定自己是個作家，因此她覺得有必要把她的喪親經歷寫下來。

雪兒．史翠德：悲傷是我觀看世界的鏡頭

我並非刻意選擇去寫我母親的死或我的喪慟。我單純只是認為我必須把它寫下來。沒有其他選擇。我的悲傷是我不得不訴說的故事。我必須在紙頁上重現我的母親。我不得不透過書寫來理解我生命中的這個巨大喪慟。悲傷是我從二十二歲起觀看這個世界的鏡頭，它在我的寫作中無處不在。它滲透到我寫的每一個故事裡，甚至是那些與喪慟或我母親

沒有直接關聯的故事。

我認為寫作是我生活中最療癒的事。過去我經常否認這一點，因為我害怕承認書寫對我來說是一種宣洩，意味著我稱不上是一個作家。後來我意識到事實正好相反：書寫對我而言如此療癒，正好證明了我必須寫。我用我的心在寫，書寫成為我處理生活的方式，當然也包括我的喪慟。書寫是我理解美麗和痛苦的方式。如果我沒有把這些寫下來，我恐怕沒有機會理解也永遠不會知道，這世上有太多事超乎我所能理解。

我在第一部小說《火炬》（*Torch*）中寫到一個家庭因母親癌逝，整個家庭在一年間的改變。這是虛構的情節，但在很大程度上它是根據我母親於四十五歲去世時，我們一家人的親身經歷。我不得不寫這本書，因為在我失去母親的同時，我也失去了我的家人。我的繼父不能也無法繼續照顧我們兄弟姊妹。手足分離，家庭破碎，而且不是暫時的。一切都結束了。我和我的家人再也無法團圓。

失去母親對我來說很痛苦，但我知道很多人都如此。許多家庭在母親死後便分崩離析。我和不少有過這種經歷的人聊過，所以我深刻明白這一點。在《火炬》這部小說中，我透過四個角色的觀點講述喪母之後的艱難生活，這對我來說是一種療傷，因為我必須對其他角色抱持同情。我明白了為什麼一個繼父說他像愛自己的孩子一樣愛他妻子的孩子，卻又在妻子死後便不再那樣愛了。寫作並沒有解決我所有的悲傷，但它幫助我成長，也幫助我走出喪慟。

當我撰寫《那時候，我只剩下勇敢》時，我探索的是我的喪慟，這也是一次成長。每當我再次沉浸在喪慟或母親的生死中，我都會從中學到一些新的東西。這種經驗在某些方面來看是不變的，但換個角度看卻是會隨著時間而改變。每過一年，我都以嶄新的眼光看待它。我投入撰寫這部回憶錄。它不是小說，我並沒有把自身的經驗投射在那些想像的人物身上，而是把事實的發生經過描述出來。這就是我的感受。我在文章中也是這樣寫的；我的第一篇散文講述了我的喪慟——〈海洛因／女英雄〉與〈我生命中的愛〉。

寫作是一段旅程。我總是寫我認為我知道的事，但實際上我一無所知。寫作幫助我看得更清楚，但是你不會知道你將會看到什麼，除非你真的去寫。在撰寫回憶錄時尤其如此。我教導自傳寫作，我總是告訴我的學生，雖然他們認為他們對自己的生活再清楚不過，但他們錯了。這是一個奇怪的矛盾，卻是千真萬確。當事情發生時，我們只能任由它發生；但是當我們寫作時，我們會回頭檢視。我們透過意識到自己變成了什麼樣的人，從而重新認識過去的自己。這深具啟發性。令人震驚，卻也美麗。

我不敢置信有那麼多人懂我的感覺，他們說我寫出了他們的感受。這不是從我的書開始的，而是從我的散文。接著《火炬》讓它成長；《那時候，我只剩下勇敢》以及《暗黑中，望見最美麗的小事》讓它開花結果。許多人告訴我，我的作品讓他們第一次感覺到自己並不孤單。但你知道嗎？他們的反應也讓我有同樣的感覺。我清楚記得母親去世後我是多麼孤單。我身邊沒有人失去母親！怎麼會這樣呢？但那是真的。我透過說出事實而找到了同伴。我寫信給他們，他們也會回信給我。

我認為多數人都能夠從書寫中受益。你不需要成為一個專業作家也能辦到。你寫的東西沒有非要給誰看不可（多數時候沒有人想讀我們寫的東西）。故事是我們理解自己和他人的方式；它是我們理解愛、失去、恐懼、憤怒、報復、嫉妒、美麗、友誼以及一切的方式。每件事背後都有一個故事。故事會讓你感受到各種情緒，從歡笑到悲傷。我支持將書寫當作一種療癒的工具。它不用有什麼結構，比如說強迫自己每週都要把想法寫下來，或者非得參加課程或加入什麼團體。寫作對我來說就像走路：它能夠讓我保持頭腦清醒。有很多方法可以把事情做對。

書寫是許多人內心會湧現的衝動。但是當我們覺得自己不是寫作的料，衝動就會熄滅。因此我要請你拋開這層顧慮，讓自己去寫，哪怕只是為了自我療癒。潔西卡·韓德勒（Jessica Handler）是《勇氣之火：悲傷與喪慟書寫指南》（*Braving the Fire: A Guide to Writing About Grief and Loss*）一書的作者，她對於這類寫作提出一些很好的建議，這些都是她在兩個姊姊去世後學到的。「不要期待自己寫出美麗動人的篇章，也不要期待寫作能讓你忘記發生在你身上的可怕事情，或者妄想自己可以獲得百萬的出版合約。只要簡單寫下你的故事，就能搭起一座橋梁，連結你的過去和現在。」

潔西卡繼續說道：「沒有哪個喪慟故事是三言兩語就能說完的。伴隨悲傷而來的情緒有時筆墨難以形容。當你在書寫時，你會面臨五味雜陳的情感、記憶、家庭故事、不同的觀點和事實。這也是為何循序漸進地書寫有助於你建立起那座橋梁。」

正如潔西卡在《勇氣之火》中提到的，寫下你的悲傷會讓你更瞭解以前的自己，以及你將成為什麼樣的人。這對療癒過程至關緊要。接受新的生活，瞭解過去你是什麼樣的人，你才能找到平靜且繼續向前。現在就讓我們開始提筆寫下去。

把想說的話寫下來

如果你擔心自己無法將喪慟化為文字，試試看史翠德給我們的寫作提示：

根據寫作提示按部就班，你就已經成功了一半。幾年前一位大學英語教授問我是否能夠給她一份寫作的提示清單，她想和讀過《那時候，我只剩下勇敢》的學生們分享。我不假思索就列出這份清單，對你們也許也很受用。這份清單並非全都與失去和喪慟有關；失去和喪慟不只是失去和喪慟，更多時候它們是關於愛和曾經有過的回憶，而這些就足夠了：

- 寫下你意識到自己鑄下大錯的時候。
- 寫下你從中學到的教訓。
- 寫下你認為自己的言行不符場合的時候。
- 寫下你失去後再也喚不回的東西。
- 寫下你認為自己做對某件事的時候。
- 寫下某件你不復記憶的過往。
- 寫下你最不願回想起的老師。
- 寫下關於身體受傷的記憶。
- 寫下你知道事情已經結束的時候。
- 寫下被愛的感覺。
- 寫下你內心的真實想法。
- 寫下你是如何迷途知返。
- 寫下陌生人的善良。

- 寫下你為什麼不能做某件事的原因。
- 寫下你為什麼這麼做。

我要與讀者們分享經過我的案主們實證最有效的書寫練習。仔細讀過一遍，看看哪些方式最能引起你的共鳴。如果你對哪個方式出現強烈的情緒反應，舉例來說，一想到要寫信給逝者就讓你傷心欲絕，這通常是一個強烈的訊號，指出你需要這麼做，即使這麼做會讓你激動不已。同樣的，如果你嘗試了其中一種方法卻發現不適合，如果感覺或文字無法自然流瀉，你可以再嘗試不同做法。理想的情況下，我希望你們可以每種練習都試試看。

心情日記

為了讓你更容易進入書寫，我要請你先不要多想，找張紙，寫下任何東西；你可以寫下你腦海中出現的第一個感受，就在此刻。

為了讓你知道你可以多自在地寫，我想分享我自己的經驗。在我母親去世後的頭一年，如果不先寫下「我是個可惡又可恨的傢伙」這句話，我就什麼都寫不出來，不論是學校作業、詩詞或購物清單。第一次寫出這些字眼時，我嚇了一大跳。我不知道自己每天都帶著如此強烈的念頭。

在母親生命的最後時刻，我沒有陪在她身邊，自此我就一直覺得自己很糟糕。但我發現，每當我寫下這句話，我就能多釋放一點這種念頭。直到有一天，我再也不用寫下它。

這是心裡背負著罪惡感的例子。如今我知道，當我心中承載著這些想法和念頭時，會對我的中樞神經系統產生很大的影響。這些反覆出現的想法，即使是無意識的，也會直接影響我的焦慮程度。這些想法會讓我產生各種情緒，而這些情緒反過來會導致身體做出反應，讓我感到焦慮、恐懼和悲傷。

除了諮商治療師，並沒有太多更好的管道供我們探索這些想法和念頭，因此書寫就成為一個重要的支持來源。所以，我要你從寫下心中的想法開始。這些想法可能是：**我很孤獨。我很害怕。我很難過。**然後再寫一個句子。持續寫十分鐘。不論腦海中出現什麼樣的念頭，都把它寫下來。必要的話大哭一場，但還是要繼續寫下去。找到抒發的管道，才能得到平靜。

在悲傷的歷程中，每天做這樣的自由書寫是最好的練習。你可以去書店或藝品店買本漂亮的本子。在家中尋找合適的地點，每天早上選一個固定的時間做練習。我知道這對生活忙碌的人來說很困難，所以如果每天的時間或地點不一樣，或者你晚上或下午才有時間寫，都不要緊。主要目標是每天提筆書寫。

艾莉森在三十二歲那年突然失去父親，父親去世後的幾個月間，她發現自己在工作上遇到很多困難。她不時會想起父親，情緒跟著激動起來。她的工作需要保持專業形象，但她真的很難控制這些不時出現的情緒。我建議她買本日記，在午休時間找個安靜的地方坐下來，把所有的思緒都寫下來。結果她發現只要花十分鐘寫下自己的感覺，就能夠讓她更專注在工作上，也覺得釋放了堆積的情緒。

記住，沒有人會去看你的日記，甚至你自己也不需要重讀。（不過有時候回頭看看這些日記，你會看見自己在這段悲傷歷程中有多大的變化與成長。）這種日常的書寫只是一種宣洩的方式。當你處在喪慟中，日記就像是一個容器，容納你所有的痛苦和恐懼。把情緒化為文字寫在紙上，你會發現自己能夠更平靜地度過每一天與他人的交流互動。

寫信給逝者

正如我在本章開頭提到的，寫信給逝者是很有用的方式。當我們失去了生命中重要的人，我們同時也失去了可以溝通和一起生活的對象。突然間沒有人可以說話了，實在讓人很不好過。

如果喪慟已經過去多年，想要和逝者有所交流的衝動可能消退了，但是你仍然有很多事情想要與對方分享，也許是一些重要的生活轉變，也許你只是想重溫回憶，也許是聊聊對方走了以後，這一路上你的改變和成長。

對於那些剛面臨失去的人來說，想要與逝者交流的衝動依然強烈。你可能會發現自己拿起電話想打給對方，或是想告訴對方剛剛發生了什麼事情。每當這種衝動出現，你會立刻感到一股強烈的挫敗和悲傷，這是你過去沒有的體驗。你會放下手中的電話，感到巨大的失落和空虛。然而，一個人不在了，並不表示你需要切斷與他之間的所有溝通。

事實上，我認為這麼做會對我們的心靈造成莫大傷害，因為你向大腦發送了訊息，告訴自己你無法再與這個人交流。對我們許多人來說，與所愛的人相處了一輩子，或者雙方已經有很深厚的感情，而在對方逝去之後要克制這樣的衝動是不對的。所以請不要否認它。現在就拿出紙筆，開始進行**交流**。就情感而言，這麼做將會讓人感到慰藉。

安妮在一次突如其來的事故中失去了她的哥哥，當她發現自己再也不能像以前那樣，每天下班返家途中給他撥通電話時，她感到很失落。安妮和她哥哥的關係非常親密，他們每天都會講電話，聊聊彼此的生活。無法再與哥哥通電話讓她覺得快要窒息，雖然她試著回家後和丈夫或孩子們聊聊她的一天，但畢竟無法重現過去與哥哥講話的時光。

在我的建議下，安妮開始每天晚上給她哥哥寫信。事實上，她在返家途中發現一座公園，所以每天下班後她會先到公園裡，拿出她的日記本，透過書寫告訴哥哥她的一天過得如何。有時候她甚至會閉上眼睛，想像哥哥跟她拌嘴，告訴她他過得好不好，無論他現在在哪裡。

這個過程對安妮非常具有療癒效果，減輕了她幾個月來無法和哥哥說話所累積的壓力和緊張。直到現在，安妮仍然不時會給她哥哥寫封信，聽聽他傳遞給她的訊息。

再一次提醒，不要因為這看似奇怪的舉動而害怕。你不需要告訴任何人你的書寫過程或分享你寫的內容。你這麼做是為了你自己。

除了重建與逝者之間的連結，寫信也是處理遺憾的重要方式，比如罪惡感、憤怒或任何其他未解的問題。我見過不少案主在親人去世後一直與心中的怒氣纏鬥。有些人則是面對朋友或家人自殺身亡，徒留無數的疑問、內疚、憤怒和悲慟。或者你與逝者生前有段複雜的關係，而此刻你感到憤怒，因為你再也沒有機會去解決或跟對方說出你的想法。寫封信（或是很多封信）給對方，會讓你有機會化解這樣的情緒。

最後，我想要與讀者分享一段甜美的回憶。在我二十三歲時，收到一封父親寄來的信。信中一開始便要我拋開對於寫信給逝者的抗拒，只要讀就行了。

這封信是我父親寫給我已故的母親。他後來告訴我他是如此想念她，於是有一天晚上他忍不住就坐下來提筆寫信給她。信的開頭就向我母親訴說，雖然他現在的生活沒有了她，但他多麼希望她還是與他同在。他告訴她，在她走了後，他對我有了更多的瞭解，但他經常擔心自己無法與她身為母親的角色相比。

然後，突然間，敘事的立場轉換了，我母親開始說話！父親告訴我，他在寫信時，無法停止想像母親會對他寫的內容做出什麼回應。所以最後他乾脆讓她自己來寫這封信。母親同樣告訴父親她有多麼愛他，她有多麼懷念他們的感情，她甚至教他一些教養祕訣，以及一長串讓他與我分享的愛的訊息。母親的聲音在紙頁間迴盪，明顯與父親的語調不同。我看著信淚流不止，直到今天，這封信仍然是我最珍視的東西。

就寫**你**需要寫的吧。你想說什麼就說什麼。順其自然。溫柔對待自己。接受出現的任何情緒。這些感覺之所以出現，是因為它們需要出現。讓這些情緒找到出口。提起筆，寫吧。以下是寫信的提示：

- 寫封信給你所愛的人，告訴他自從他走了以後，你的生活出現什麼轉變。
- 寫封信給你所愛的人，談談你內疚或抱歉的事，並向他道歉。
- 寫封感謝信給你所愛的人，感謝他曾帶給你的愛和支持。
- 寫封信給你所愛的人，訴說你們之間最美好的回憶。
- 以逝者的口吻寫封信給你自己。想像一下，如果他能夠在這段時間給你安慰，他會對你說什麼。

- 寫封信給你自己，原諒自己在對方生前或死後原本可以做得更好的事情。
- 寫封信給十年後的你，告訴自己你希望療癒和走下去的方式，以及你希望自己成為什麼樣的人。

記憶與回憶的書寫

在悲傷歷程中，另一個重要的書寫方式是寫下關於逝者的所有記憶。這麼做可以讓你得到宣洩和極大的安慰，特別是對那些深怕自己會忘了對方而因此感到焦慮的人。

你可以選擇利用下面的提示，簡單寫下與逝者相關的一切，或者你可以參加回憶錄或傳記的寫作課程。不論哪一種，你都會發現它是很好的療癒方式。

我的案主莎拉在她丈夫去世大約一年後，開始寫下她對他的回憶。她害怕隨著時間過去，她會忘記了他們共同經歷的那些美好事物。起初她只是簡短記下兩人的回憶，一段時間之後，書寫的內容越來越長，回憶一個接著一個。幾年後，她把所有的文字彙編成書，留給後代子孫，這麼一來他們將會永遠記住這位重要的家庭成員。

你或許無法像莎拉一樣寫出一本書，你寫出來的東西恐怕也沒有其他用途，但光是把文字寫在紙上就足以減輕你害怕遺忘的恐懼，你將會發現自己能夠真正沉浸在回憶中。回憶書寫的提示：

- 我還記得……
- 我喜歡當你……的時候。
- 每當你……的時候，總是讓我笑出來。
- 我們第一次見面是在……
- 你最擅長……
- 當你在做……的時候，是最真實的你。
- 你教會我……
- 你最開心的時候是……
- 發生在你身上最有趣的事情是……
- 你總是希望……

- 你最喜歡的歌是……
- 你最喜歡的食物是……
- 你最大的嗜好是……
- 你最喜歡的衣服是……
- 你最喜歡的地方是……
- 你最喜歡的電影是……
- 你最喜歡的書是……
- 你最喜歡的節日是……
- 你度過困難的方式是……
- 你最令人欽佩的是……

當你做著這三種不同的練習時，花時間真正去瞭解你自己。一開始你可能難以流暢地寫，但是就像做任何事情一樣，熟能生巧。不要覺得你必須成為一個偉大的作家，或者每回坐下來都要能寫出完美的句子。你是為你自己而寫。

這樣的練習無可避免會引起強烈的情緒反應。因此盡可能為自己創造一個安全的空間和時間，靜下心來書寫。在書寫過程中對自己保持同情。重訪舊日時光或是經歷憤怒與懊悔，都會引發強烈的情緒，而透過書寫有助於釋放和撫慰這些情緒。

沒有所謂的最佳書寫時機。你或許如同上述案例，在悲傷歷程的初期就開始書寫。我有許多個案在喪親後最初幾週或幾個月，便開始嘗試這些方法。不過也有些人在喪親後數十年，才開始面對過去的喪慟，理解喪慟對他們的生活所造成的影響，而他們發現書寫練習具有宣洩和療傷的作用。

不論你處在悲傷的哪個階段，我都鼓勵你拿出紙筆，讓思緒和情感流瀉而出。

焦慮檢測表

檢視你的焦慮程度。在本章中，我們學習利用書寫的力量幫助我們處理和釋放情緒，以及重建與逝者之間的連結。記住，喪慟焦慮與無法和逝者交流有關。透過書寫恢復這種連結將會讓你感到無比安慰。

以一到十作為評分標準（十代表焦慮程度最高），你覺得你現在的焦慮有幾分？

1 2 3 4 5 6 7 8 9 10

你目前有以下哪些症狀？

- □恐慌發作
- □失眠
- □噁心
- □頭暈
- □心跳加速／心悸
- □過度憂慮
- □憂鬱症

如果你還是覺得很焦慮，接下來兩章將提供許多實用的工具，幫助你平靜思緒，讓你更能夠掌控讓你感到焦慮的想法。仔細閱讀這些章節，努力嘗試每一個練習。

第八章

重新訓練你的大腦

我們不能夠用過去的相同思維來解決眼下的問題。

——愛因斯坦 Albert Einstein

這一章是本書最重要的部分。我刻意把它擺在中間，因為我認為除非你已經根據前面幾章的建議好好面對你的悲傷，否則你還沒有準備好進入本章與下一章。學習如何控制焦慮的想法，是釋放焦慮的過程中最有效的工具。

一旦你開始練習，事情就會變得簡單起來，你從關照自己的想法中得到的正面力量，將會激勵你繼續努力下去。

這個過程對我的案主們充滿啟發性。瞭解思維運作的方式，學習如何退後一步，不受想法的控制，對於焦慮的程度將有顯著的改善。在本章中，我們將探討看待思維和信念的不同方式。仔細閱讀，耐心理解箇中知識。如果你能夠真正敞開心胸，嘗試這裡介紹的一些技巧，你將會看到很棒的進展。

認知行為治療

認知行為治療（cognitive behavioral therapy, CBT）是用於治療焦慮最有效與應用最廣泛的方式之一。雖然這種方式並不能夠直接用來處理悲傷的歷程，但它在很大程度上可以緩解和消除因喪慟而引發的焦慮情緒。亞倫．貝克（Aaron T.

Beck）的著作《焦慮與憂慮手冊》（*The Anxiety and Worry Workbook*）是很好的參考資源，我將在下面引用貝克博士的說法。

認知行為治療是一種短期、目標導向的治療方法，以實際的步驟來改變一個人的思維模式和影響情緒健康的行為。這是治療焦慮的主要方法之一。

就本質上來說，**認知**這個詞指的是我們瞭解或認識自己經驗的方式，而認知行為治療旨在幫助人們理解如何改變對於產生諸如焦慮這類負面情緒有直接影響的思維和信念。這種治療方式的核心在於：我們**怎麼想**會直接影響我們**怎麼感覺**，所以**改變**我們的思維模式有助於改變我們的感覺。

當我們處在喪慟中，有許多想法會進入我們的腦海——關於死亡的想法、對於未知的恐懼、痛苦的記憶，以及對未來的擔憂。失去生命中重要的人以後，我們會出現很多新的想法，就算不是新的想法（例如死亡是不可避免的），但此刻它們變得比以前都要來得真實。由於這些因失去而出現的想法多半令人害怕，我們的身體會自動產生恐懼的反應，從而引發焦慮。

觸發事件	想法	感覺
失去所愛的人	生命充滿不確定性	恐懼、焦慮

我將在本章介紹各種運用認知行為治療的技巧以減少焦慮的方式。有幾件事你必須先瞭解：保持開放的心態去嘗試，學習理解自己思維的新方法，將有助於你採用這項技巧。你也必須願意去改變那個讓你不斷焦慮的自己。最後，這樣的技巧需要時間和練習，所以要對自己有耐心。

正如我們在本書中學到的，恐懼和焦慮是正常的情緒，它們能夠強化我們的生存技能。但是當恐懼和焦慮持續出現在我們的生活中，甚且變得不切實際時，就會成為問題。學習如何管理你的思維將有助於焦慮的緩解。在認知行為治療中，人們以記錄想法的方式來管理自己的思維，而我們將在本章運用這個方法來管理焦慮的情緒。

讓我們從打破焦慮開始。首先我們要做的是，挖掘潛藏在焦慮背後的恐懼。

焦慮狀態	潛藏的恐懼
列出各種讓你焦慮的事情，比如事件、情況和特定的時間。	列出各種焦慮背後潛藏的恐懼、威脅或困境。
1	
2	
3	
4	
5	
6	

焦慮是一種複雜的情緒反應。我們已經知道它會影響我們的各個層面，第一章討論過焦慮常見的**生理**症狀，包括：

- 心跳加速
- 呼吸急促
- 胸口疼痛
- 暈眩
- 盜汗
- 噁心

- 虛弱
- 肌肉緊繃

現在我們來看看一些認知症狀，包括：

- 害怕死亡或身體損傷
- 害怕無法處理問題
- 害怕自己就快要失控
- 痛苦的記憶和畫面
- 缺乏現實感
- 內心困惑又無法專注
- 無法理性思考
- 對威脅過度警戒

緊接在認知症狀之後的行為症狀，包括：

- 刻意避開特定的情況
- 逃避計畫
- 尋求安全感與確定性
- 焦躁不安
- 麻痺感
- 說話困難

最後，認知症狀和行為症狀造成的情緒症狀如下：

- 感到害怕，甚至極度恐懼
- 感到緊張與緊繃

- 情緒瀕臨崩潰或提心吊膽
- 失去耐性與沮喪挫折

根據上述症狀，我要你建立一份個人清單，將你的症狀和行為連結起來；意識到它們之間的連結，是克服它們的關鍵。

	焦慮的想法	生理症狀	認知症狀	行為症狀
	我可能會罹癌。	胸悶、頭痛、心跳加速	要是我走了，留下女兒一個人怎麼辦？	悲傷、恐懼、緊張
1				
2				
3				
4				
5				
6				

意識到焦慮的思考模式是認知行為治療的關鍵，所以請你仔細完成這份清單，認真研究以瞭解你的大腦是如何影響你的感受。

災難性思維

當我們深陷焦慮的水深火熱中，往往會變得小題大作，誇大壞事的可能性。你可能發現胳膊上長了一顆奇怪的痣，馬上就聯想到自己得了癌症，或者是家人晚歸了，你就覺得一定發生了什麼可怕的事。

並不是只有你會出現這種災難性思維，當人們陷入喪慟，尤其容易產生這樣的反應。這是因為最糟糕的事情已經發生了：你所愛的人死了。事實證明可怕的事情真的會發生，所以你自然會開始擔心**更多**可怕的事情將要發生。

第一章談到重度焦慮的人傾向保持高度警戒的狀態，因為他們害怕在毫無準備的情況下發生不好的事，這樣的思考模式導致災難性思維的惡性循環。而認知行為治療教導我們如何偵測並推翻這些被誇大的最壞可能性。

研究顯示，焦慮的想法都是在瞬間產生，它出現得如此之快，以至於我們大多數人甚至沒有意識到我們的大腦正在處理一樁威脅。大腦就像一部具有中央處理系統的電腦，能夠感知和對應環境中的威脅。我們必須學習如何駕馭這個操作系統，或者建立一個健康的操作系統。再次強調，關鍵在於學習如何辨識你的焦慮和災難性思維。

災難性思維的核心在於你相信你會無法應付另一場悲劇或災難。也許你看到一篇新聞故事提及有人意外死亡，在焦慮與喪慟的反應下，這篇文章促使你想起失去重要的人是什麼感覺。一般來說，接下來你會認為自己根本無法應付這樣的狀況。你已經飽嚐失去的痛苦，你無法忍受再次經歷同樣的事。而改變你對自己的處理能力的信念，將可以緩解你的焦慮。

下面這份列表旨在探討你的焦慮反應，注意看看你**認為**自己將如何面對焦慮，以及**實際上**你會如何處理焦慮，兩者有何不同。當你發現自己出現災難性思維時，請回到你認為正確的處理回應。

	焦慮擔憂	無助的想法	處理回應
	說說是什麼讓你感到焦慮？	你想像自己會如何反應？	你會希望如何處理？
1	害怕知道乳房攝影的結果。	聽到不好的診斷結果，我會不知所措。	希望自己保持冷靜，可以也願意面對不好的診斷結果。
2			
3			
4			
5			
6			

對於焦慮的恐懼

當案主前來進行諮商時，他們許多人已經對焦慮產生了恐懼。他們被自己的焦慮壓得喘不過氣來，也害怕會出現更多的焦慮。許多人甚至過度放大自己的焦慮，認為自己無法應付。花些時間檢視這樣的想法，明白你絕對**可以**應付得來，將有助於減輕你對焦慮的擔憂。

第一章提到瓊安在她父親過世之後，因為恐慌發作而前來找我進行諮商，她很怕自己會經歷更多的恐慌發作。瓊安已經很熟悉焦慮的生理症狀，所以每次出現心悸或呼吸困難時，她的焦慮就會加劇，因為她害怕接下來就是恐慌發作。

幾次諮商下來，我不斷告訴瓊安，在她第一次恐慌發作時，事實上她處理得很好。她把車停在路邊，打電話給她母親尋求幫助，而且確實沒有心臟病發的問題，最終也恢復平靜。為了減少她對恐慌發作的恐懼，我們一起檢視她害怕會引發恐慌發作的各種情況，並討論如何應付恐慌。

有一次瓊安要搭機去旅行，她非常擔心在飛機上會恐慌發作，到時候她根本不知道該怎麼辦才好。我們一起討論她在飛機上要是突然恐慌發作該如何處理。我們談到各種不論是在飛機上或其他地方都可以運用的因應方式。

一旦瓊安明白即使她真的再次恐慌發作也不會有問題時，她對於焦慮的反應就不再那麼強烈。爾後每當她感到心悸或頭暈時，她便會停下手邊的工作，告訴自己焦慮是對於某個想法的回應，接著她會找出觸發恐懼的想法，提醒自己去處理它。這個過程對瓊安學習控制和減輕焦慮有很大的幫助。

對許多人來說，他們對焦慮的本能反應是逃避。但是研究指出，逃避焦慮對於消除焦慮並無助益。當我們用恐懼回應引起焦慮的想法，接著又試著逃避焦慮，實際上只是給焦慮更強的力量。找到觸發焦慮的想法，檢視它、質疑它、注意你對它的反應，才能消滅它。

此外，多數焦慮與我們覺得需要掌控感有關。當我們失去所愛，無助感油然而生。我們會想要抓住什麼，但是想要控制未知的事情只會帶來虛假的安全感，最終也是徒勞。坦然面對生活的不確定性，有助於我們處理焦慮的想法。

現在你已經對於焦慮的思維模式有了初步瞭解，接著我們來談談如何回到**正常化**的思維。以下是需要做出的改變，方法很簡單。

焦慮的思維	**正常的思維**
只看見最糟的結果	明白實際的結果
只想著自己無法處理	想著自己能夠怎麼應付

以下是你可以採取的幾個步驟，讓你重回正常化的思考模式。

一、將焦慮正常化

正如我們討論過的，在某些情況下感到有些焦慮是很正常的事。焦慮有助我們為工作面試、旅行、演講、測驗和考試做好準備。想想最近有什麼事情讓你感到焦慮。記下這些事，以及你對焦慮的反應。這麼做可以讓你對於焦慮是什麼模樣有更實際的概念。然後問問你自己，如何以更正常的思維來思考你感到過度焦慮的那些問題。

二、掌控焦慮的思維

恐懼的想法會在不知不覺中出現，在我們意識到之前，我們就已經進入焦慮的狀態。學習掌控這些想法需要一些時間和技巧，然而一旦你開始練習，事情就會變得容易起來。將那些特別讓你感到焦慮的事寫下來，然後將實際可能發生的情況列出來。舉例來說，你想著身體某處的疼痛可能是腫瘤作祟，但與其跟著這個想法在兔子洞裡鑽，不斷想像自己被診斷罹癌的畫面，請試著理解這個想法，意識到你正因它而產生焦慮。然後繼續下一步。

三、蒐集證據

偵測你的想法。每當過度誇大的焦慮想法出現時，尋找真實的證據。將你蒐集到的證據寫下來，評估事情發生的機率。這麼做有兩個目的：你會發現你所想像的壞事通常不可能發生；這麼做也有助你遠離這些想法，讓你能夠更有效的偵測出焦慮思維。

四、成本效益分析

許多經常與焦慮為伍的人已經習慣了焦慮。然而，生活在如此高度警戒的狀態下實在令人疲於應付。從成本效益的觀點來檢視你的生活，是改變焦慮生活型態的有效方法。寫下焦慮所耗費的成本和所產生的效益，每當你感到焦慮時，回到這份清單，提醒自己焦慮有多麼不符成本效益。

五、擁抱災難性思維

多數人都想要逃避災難性的思維。每當這些想法出現時，我們就會產生強烈的生理與情緒反應，然後我們就會停擺，覺得動彈不得。然而，讓自己擁抱這些想法有助於減少它們。你不妨設想一切可能發生的最糟情況，然後列出各種解決的辦法。

六、修正你的思維

現在你開始學會辨識有問題的想法，每當你意識到這樣的想法出現時，就去修正它們。留意過度誇大的念頭，寫下伴隨這個想法而來的各種謬誤。每當焦慮的想法出現時，你就可以留心這些謬誤。

在認知行為治療中，真正的改變發生在：當我們能夠意識到自己的想法並採取行動加以改變。做到上述幾個步驟，能夠幫助你完成強而有力的轉變。

但是如果你對這些做法感到抗拒，我要你記住幾件事。首先，這些調整需要時間、練習和耐心。如果你認為這些技巧對你有幫助，卻力不從心、不知從何下手，那麼尋求受過認知行為訓練的治療師的協助將對你有所助益。其次，釋放焦慮的思緒並不代表要你遺忘逝去的人。你仍然可以哀悼逝去，但焦慮的程度將降低許多。

權威醫師的方法

我請教了菲利浦．皮爾斯醫師關於認知行為治療的更多建議；我們曾在第一章提到皮爾斯博士，他是加州大學洛杉磯分校講師、執業心理治療師，專長以認知行為療法治療焦慮症個案。

「人們視擔憂為一種保護機制，」皮爾斯醫師表示。「這可能是觸發恐慌發作的原因之一。我不認為這是意識層面的事，而是一種潛意識的機制。我們常常對一些鮮少發生或可能不會發生的事抱持過度的預測，而這麼做將嚴重影響我們的生活。」

這就是我所謂的高度警戒的狀態。當我們選擇讓自己處在這種狀態時，我們會覺得這樣做是為了幫助我們做好準備，預防可怕的事情發生，但實際上這麼做只會造成更多的壓力，讓自己陷入更多的恐慌。

「在治療個案時，一開始我會先讓他們意識到自己的擔憂。他們認為那是一種保護機制。他們認為自己的擔心是有幫助的。**如果發生了什麼我沒有想到的事怎麼辦？我無法原諒自己沒有做好準備**。但這種行為實際上降低了生活品質。」

對於喪慟焦慮，皮爾斯醫師同樣強調本章提到的方式，他建議善用呼吸技巧。

我會要求案主記錄自己的想法，這麼做可以幫助他們找出觸發焦慮的想法。

我會教他們一些技巧，比如：「試想在最糟的情況下，你會出現怎樣的情緒反應？而它實際發生的可能性有多大？」更重要的是，「你會怎麼做？」人們一旦碰上糟糕的情況，往往會告訴自己，「噢，我的老天啊，真是太可怕了。」然後便停滯不前，不知道該如何是好，而不是去想「是否有其他的可能性？或是有其他方式可以解決？」我還會教導他們做一些放鬆的運動，像是腹式呼吸或是漸進式肌肉放鬆法，一般來說都可以降低焦慮的程度。

腹式呼吸是指用腹部的收縮來引導呼吸，而非透過肺部。空氣進入肺臟時，胸部會起伏，但腹式呼吸則是藉由肋骨跟腹部之間的橫膈肌收縮來吸吐空氣。

皮爾斯醫師解釋，「當人們感到焦慮時，胸腔為了取得足夠的氧氣會變得呼吸急促。腹式呼吸正好相反，你可以避免急促的呼吸，藉此產生舒緩的效果。同時你也向大腦傳遞訊息，告訴它一切都沒事，沒有緊急事件發生。」

深度呼吸與放鬆

一、找個舒服的地方坐下或是放鬆平躺，一隻手輕放在腹部，另一隻手放在胸前。
二、緩緩吸氣，你的手感覺到腹部鼓起，放在胸上的手則是靜止不動。
三、吐氣時，腹部壓縮，肌肉用力往內縮。
練習這項技巧五到二十分鐘，直到你感覺身體開始放鬆。

漸進式肌肉放鬆法是透過兩個步驟來放鬆肌肉。首先，繃緊身體特定的肌肉群，例如頸部和肩膀的肌肉。然後放鬆緊繃的肌肉，留意肌肉放鬆時的感覺。

一、以舒服的姿勢平躺下來。
二、專注於目標肌肉群，好比腿部肌肉。緩緩深呼吸，盡可能拉緊肌肉，持續五秒鐘。確實感覺肌肉的緊繃。
三、迅速放鬆繃緊的肌肉。幾秒鐘之後，你應該會感覺到肌肉的緊繃感消失，變得鬆弛與放鬆。

四、注意肌肉緊繃與放鬆的不同感覺，這是這個運動最重要的部分。

五、持續做十五到三十秒，然後換下一個肌肉群，重複步驟二和三。系統性地針對身體的每個肌肉群進行這樣的練習。

每當你感到焦慮時，都可以利用這個運動來放鬆和緩解伴隨焦慮而來的緊張情緒。這麼做是在向大腦傳遞一切都不會有事的訊號。

拜倫·凱蒂的自我提問法

另一個這方面領域的權威專家是拜倫·凱蒂（Byron Katie）。她出版過多部作品，以提出**自我提問**（self-inquiry）的方法而聞名，這套做法教導人們如何檢視自己的想法和信念，藉由改變想法和信念以獲得更好的結果。

在我與荷波·艾德蔓共同主持的「失去母親的女兒」的工作坊裡，我們經常帶領學員們練習拜倫·凱蒂的自我提問法，因為不少女性學員在喪母之後會發展出一套有問題的信仰體系，影響了她們的日常生活。

拜倫．凱蒂的自我提問法十分簡單，主要是根據四個基本問句：

一、這是真的嗎？（是或否。回答為否，跳至第三題。）
二、你可以完全相信它嗎？（是或否）
三、你會如何反應？要是你相信這個想法會發生什麼事？
四、要是沒有這些想法，你會如何？

接下來就讓我們進行自我提問。我將以喪母後我的想法為例。荷波跟我發現許多失去母親的女兒都有跟我一樣的想法，而我懷疑多數失親者同樣也會這麼想。母親過世之後，很長一段時間我一直覺得：**我很孤單，只剩下我一個人**。我將根據拜倫．凱蒂的自我提問法來檢視這樣的想法。

一、這是真的嗎？

在我一開始對自己提出這個問題時，我的回答是肯定的。母親過世之後，我真的覺得很孤單。她不在了，這世上我只能依靠自己。所以我的答案為是。

二、你可以完全相信它嗎？

針對這個問題，我必須坦承我的答案為否。我並非真的孤苦無依。我已經為人妻，我有自己的家庭。所以這不是真的，對吧？我並非孤單一個人，一點也不。事實上，我身旁有很多愛我且關心我的人。

三、你會如何反應？要是你相信這個想法會發生什麼事？

我必須承認這個想法令我感到悲傷與焦慮。每當我的腦海中出現這種孤單的想法時，總是會引發負面的情緒，而這些情緒則創造出更多自我設限的念頭以及恐懼。

四、要是沒有這些想法，你會如何？

最後這個問題總是讓我停下來思考。要是沒有這些想法，我會如何？我從來沒有想過這個問題。我從來沒有想過拋開這個想法，因為我對它深信不疑。但不可否認擺脫這種想法是很吸引人的事。

改變發生了。我突然領悟到，我可以有這樣的想法，但我不見得要相信它。有了這層體悟，很快地每當我心中出現這個想法時，我會選擇不要相信它。起初我已經習慣相信它，它時常伴隨著我，讓我陷入焦慮與悲傷。不過現在有個新的聲音，告訴我要去質疑它。

現在我偶爾還是會出現「我很孤單」的想法。生活難免不如意，這時候這個想法就會冒出來。不過現在我可以掌控它。我會對它說：「你好，老朋友。」然後我會提醒自己我並非真的孤單，我會以健康的態度面對生活，我知道再怎麼困難的事我都可以應付。

拜倫．凱蒂的自我提問法對我有很大的幫助。我開始看到我對生活壓力或人際關係做出許多錯誤的反應，一旦我明白這一點，便能夠改變我的想法。

我希望你也能嘗試看看。想想任何讓你感到害怕的念頭，不論是「我永遠走不出悲傷」或「我沒辦法處理我的喪慟和焦慮」。誠實回答這些問題，思考你的答案。就像認知行為治療，拜倫．凱蒂提出的問題要求我們覺知自己的想法與念頭，進而打破它們，掙脫焦慮、擔憂和負面情緒的束縛。相較於認知行為治療的理論，拜倫．凱蒂的自我提問法簡單得多，同時也是一個快速且容易上手的起點。

思想覺知

學習如何覺知你的思想，是治療焦慮最有效的方式。失去所愛是一件讓人害怕的事。我們會變得高度警戒，充滿災難性的想法。藉由思想覺知的技巧，能夠強化你應付生活大小事的能力，幫助你控制你的焦慮。

在覺知思想的過程中，你必須對自己保持耐心。它的確需要時間才能夠習慣，但如果你能夠持續以這種方式覺知你的思緒，你會開始感覺到焦慮和擔憂明顯得到緩解。

焦慮檢測表

檢視你的焦慮程度。希望本章可以啟發你，幫助你瞭解焦慮的想法從何而來，以及焦慮如何無所不在，而你應該怎麼做才能夠停止焦慮和恐慌的惡性循環。

以一到十作為評分標準（十代表焦慮程度最高），你覺得你現在的焦慮有幾分？

1 2 3 4 5 6 7 8 9 10

你目前有以下哪些症狀？

□恐慌發作

□失眠
□噁心
□頭暈
□心跳加速／心悸
□過度憂慮
□憂鬱症

瞭解大腦如何運作與焦慮從何而來，學習如何控制焦慮的想法，是減少與消除焦慮的重要關鍵。下一章的重點是正念和冥想，而本章所學到的一切是其根本。慢慢來，練習過程中請對自己保持耐心。

第九章

活在當下

當黑暗與絕望出現時，我們必須正面迎戰，一次又一次面對它們，而不是以各種方式逃避或麻痺自己，企圖逃避那無可逃避的。

——喬・卡巴金 Jon Kabat-Zinn

正念★與冥想向來是治療焦慮的解藥，不論對我或是我的案主們。倘若你認為冥想不適合自己，也請繼續往下讀。我們要談的不僅是冥想，亦將運用上一章所學到的一切。正念與冥想是指覺知我們的思想，藉由這樣的覺知釋放內在的焦慮。

不知道你是否跟我一樣，每天早上一睜開眼睛，思緒宛如新聞跑馬燈般不斷閃過。有時候這些思緒不過是一些日常瑣事，像是工作簡報、孩子的數學考試、下午要看牙醫、回家時順道去買個燈泡。

當然也會有些要緊的事，好比說：要怎麼付修理車子的錢、肩膀持續痠痛會不會是其他大毛病，或是男友真的愛我嗎？而通常當你面臨喪慟時，思想也會因此蒙上一層灰，每天醒來想到的頭一件事，是如何在失去摯愛的情況下度日。你不禁懷疑難道往後的每一天都會如此難受？悲傷會過去嗎？你的腦海裡不斷閃過死別的畫面或美好的回憶，無論如何都令你痛苦不堪。

這些思緒似乎沒有規律可循。它們在你心中流轉，最終你逼自己下了床，開始一天的例行活動，然而它們卻持續翻攪。要注意的是，每一個想法都會產生一種情緒反應，不論是憤怒、恐懼、挫折、難過、甚或絕望。而這些情緒反應則會引起身體的生理反應。

★編按：mindfulness，被視為一種認知行為療法，意指轉注於當下和自我覺察。正念療法是由喬．卡巴金教授在一九七〇年代提出的心理治療法。

本章將教你如何覺知這些想法，如何對深受這些想法所困的自己保持同情，最終則是學會如何停止這些導致焦慮的想法。

教導個案瞭解正念是什麼以及運用正念，是我最喜歡的一項工作，因為如果他們真心願意嘗試，我們總是能夠很快就看見成效。

我創辦了一個悲傷治療中心，並在那裡帶領冥想工作坊。學習如何靜心，保留空間給自己，是很重要的一件事。同樣重要的是，學習如何不讓思維模式與負面信念掌控我們的生活，導致我們的情緒宛如雲霄飛車般起伏不定。

我快要三十歲時才開始學習正念和冥想。當時我剛接觸瑜伽，儘管過去我很排斥任何身體活動，因為自從目睹父母病逝後，我便害怕進一步認識自己的身體，但是我很快就愛上瑜伽。我驚訝地發現伸展身體以及注意身體的感覺，是一件多麼美好的事。況且我也不必精通這門藝術才能享受它帶來的好處。

養成做瑜伽的習慣後不久，一位朋友建議我可以練習冥想。一開始我有些猶豫，因為那聽起來有點玄，又像是嬉皮才會做的事。但我還是去嘗試了。那時候我剛從多年的喪慟中漸漸走出來，很想要改變自己的生活，再度找到平靜與快樂的方法。總之，我認為試試無妨。

現在我會把這個故事告訴我的案主或療癒中心的學員們，每每回想起二十八歲的自己總是不覺莞爾。當年的我肯定沒料到自己會持續且規律地進行冥想，甚至還教導其他人如何冥想。

當時我在朋友的建議下，接受一位老師的個別指導。那位老師叫做茱麗葉，每個星期一次，我會到她的小公寓裡，我們面對面坐在小圓墊上，她教導我如何讓腦袋靜下來。一開始真的很難，我根本做不到。我越想停止思緒，腦海裡就出現越來越多想法，不論是購物清單或帳單，或者心想屁股下的小圓墊真礙事，或者擔心茱麗葉對我的評價。我越想安靜下來，就越辦不到。

五分鐘後，她會輕搖一個小鈴，我睜開眼睛之後，她要我說說我的感覺。我老實告訴她我如何掙扎，以及無法停止各種想法。她笑著解釋說，她不是要我**停止**這些念頭。相反的，她要我注意它們。她要我觀察自己的想法，對自己抱以同情，不帶任何批判，不管這些想法是什麼。我動動身體，閉上眼睛，再做一次。

過了一會兒，我開始明白她的意思。雖然我的思緒就代表了我，但是突然間我意識到有部分的我與我的思緒分離，成為思緒的觀察者。我領悟到那些想法不過就只是——想法。它們不代表整個我。我還記得當我意識到這一點時，忍不住驚訝地睜開眼睛。

我把我的領悟告訴茱麗葉，只見她笑得開懷。從那一刻起，我的內心透過冥想練習變得越來越強壯。一旦我學會放下對思想的擔憂或不再想要去控制它們，而只是去觀察它們，它們的力量便開始消退。這樣的經驗改變了我對自己的認知以及我的生活態度。那是轉變的開始。

在我開始練習冥想不久之後，我注意到自己的生活變得不一樣了。每當我意識到自己出現焦慮或難過的想法時，我都會停下來觀察這些想法，而不是像從前那樣受它們的影響，從而陷入情緒的深淵和身體的不適反應。學會觀察自己的思緒，讓我的身心明顯變得平靜許多，焦慮和悲傷都減少了，我也因此變得更快樂。這的確是我生命中一段重要的轉變。

這就是為何我要與你們分享這個方法，因為它總是能夠立即見效，而且能夠持續很長一段時間。我的案主詹姆斯是一個很好的例子。他在父親去世後前來找我做諮商，當時他已經快要四十歲了。他深陷喪慟中，對於未來將面臨的種種改變感到惶惶不安，他也經歷了焦慮和恐慌發作的低潮期。

我們的諮商治療持續了幾個星期，我試著幫助他理解焦慮是很正常的反應，並且處理他的悲傷感受。我知道他已經準備好接受正念療法。詹姆斯的情況跟我當初想要改變自己一樣，他準備好嘗試所有可以減緩焦慮的方法。儘管他對冥想有所懷疑，還是願意去嘗試，而事實證明效果顯著。詹姆斯很快發覺自己對於焦慮有更好的控制力，生活也因此變得更加平靜。

他的悲傷治療前後持續三年的時間，後來為了寫作本書我邀請他前來我的辦公室一起聊聊。他表示當初的療法對他產生深遠的影響。如果你對本章將要介紹的方法依然感到懷疑，請記得詹姆斯過去也是不相信，但是現在的他已經跟我第一次見到他時判若兩人。

詹姆斯的故事

以下將以詹姆斯的角度來敘述：

焦慮是我接受治療的主要原因，我已經無法忍受焦慮的折磨。我想它是在我父親去世後一個月至一個半月間發生的。父親走了以後，我在老家待了一段時間，返家後立刻投入工作。日常的工作壓力加劇了我的焦慮。我的症狀主要跟工作有關，過去對我來說沒有什麼的截止期限或類似的工作問題，現在都會引發我的焦慮，當下我根本動彈不得，只覺得無法呼吸。到後來這種狀況已經變得司空見慣。每當它發生時，我會盡快跑到戶外；工作環境快要讓我窒息，只有在外頭我才能夠喘口氣。

我從事生產相關的工作，有時候得面對龐大的壓力，但還不至於大到會讓人當機。另外就是有時候我會情緒失控。我不知道情緒是什麼時候上來的，但突然間我會對某個人怒氣沖沖，完全出乎我的意料之外。

我知道那是恐慌發作，也知道應該怎麼擺脫它——只要有意識地專注在自己的呼吸上。偏偏當恐慌真的發作時，我完全控制不了我的呼吸。有時候夜深人靜時，我會為了父親的死而落淚，恐慌便再度降臨。我記得有幾次在三更半夜時，我在房間裡差點喘不過氣來。我只能站起身走一走，強迫自己呼吸，讓自己平靜下來。

我的恐慌與死亡有絕對的關係。我覺得與父親天人永隔，我再也無法跟他說話了。至少在我接受寫信給父親的建議（對我影響深遠）之前，我的確是這麼覺得。那就像是無法再跟朋友說話一樣，讓人失落又痛苦。

我發現自己經常在不必要的情況下有了不必要的情緒。當初我聽到冥想時，認為那簡直是胡說八道。然後我開始慢慢嘗試，試了好一段時間。我對於新事物的態度十分謹慎。不過冥想讓我第一次感到些許的放鬆與解脫，以及重新尋回對生活的部分控制權。在那之前，我總是覺得自己對發生的一切無能為力，而此刻我有了不同的看法。

我開始覺得好像可以稍微控制自己的思緒，帶著它慢慢往前邁進。我也知道自己可以不再情緒失控和暴走，這對我來說是很大的安慰，感覺自己恢復了正常與自我控制。我之所以經歷這麼多的恐慌和焦慮，主要原因是我不知道如何處理我的喪慟。而談論它確實能夠減輕它帶給我的壓力。

從許多方面來說，我很高興自己經歷了這一切。學習冥想對我來說是一種福賜。我不想要失去父親，但人生總是有不可避免的事。他已經病了好些年，所以他的死並不讓人意外。這件事也讓我對自己有了更多的瞭解。

我的頭腦變得更清楚了。過去我曾經情緒失控而差點跟人在大街上打起來，也曾經在停車場威脅要揍某個人。但現在我不會再這麼做了。現在的我跟過去的我不一樣了。

我的焦慮回復正常程度。我不再隨便亂發脾氣。我覺得自己的情緒很健康。去年我的兒子出生，這一年來我的悲傷已經有所轉化。儘管焦慮偶爾還是會出現，不過程度已經減輕不少。我非常思念我父親。有時我會想他是不是投胎成了我的兒子……這樣想真的很瘋狂。但我兒子的動作和神態再再令我想起我父親。所以悲傷就這樣來來去去。我想重點在於當我不知道該如何處理悲傷時，它就令人害怕和難以承受，從而引發焦慮。現在我沒有這種感覺了，我已經可以應付它。我在思念父親時會大哭一場，有時候我也會寫信給他。

對於那些正在經歷喪慟焦慮的人，我的建議是，對冥想抱持開放的態度。把它當作是控制思緒的一種方法，這將有助於你在思想過程中尋得平靜。特別是當焦慮以恐慌的形式出現時，沒有比冥想更好的方法了。你會因此知道你要面對的是什麼想法與情緒。

一種關注自己的方式

詹姆斯的體驗與許多個案相似。一開始他對冥想抱持懷疑的態度，這是可以理解的。當你感到焦慮時，你只想要趕快擺脫它。冥想聽起來很虛無縹緲。但是只要你真的開始練習，你的思緒會明顯感到平靜與放鬆，你會覺得對自己有了控制感。倘若你跟詹姆斯一樣有憤怒的問題，在某些情況下會突然變得很情緒化或情緒失控，那麼冥想絕對會有所幫助。詹姆斯原本也不相信，經過嘗試之後，情緒得到了很大的抒解。

正念和冥想的方法其實已經有數千年的歷史，但是直到一九六〇年代，這種養生和治療的方式才進入西方文化。喬·卡巴金博士於一九七九年在美國麻州大學醫學院開設正念減壓門診，他和同事利用這些方法幫助許多人減輕壓力和焦慮。卡巴金的研究顯示，冥想可以顯著降低廣泛性焦慮症與恐慌症患者的症狀。卡巴金博士出版多部關於正念的作品，《當下，繁花盛開》（*Wherever You Go, There You Are: Mindfulness Meditation in Every Day Life*）是我一貫推薦給個案閱讀的書籍。

究竟什麼是正念？雖然正念經常與冥想結合，但它們有所不同。正念是指以慈悲、不帶批判的態度覺知當下。它是一種關注自己和生活的溫柔方式，並邀請你與自己的經驗建立更深的連結，包括你的焦慮、恐懼和悲傷。培養這種覺知需要時間和練習，但是效益十分巨大。

現在你已經知道，焦慮和恐慌源自於讓你恐懼的**想法**，而非實際的身體威脅。焦慮是一種害怕事情會出錯的感覺，而非有什麼東西真的造成你的身體痛苦。那種感覺就像是害怕罹癌，或是害怕失去更多，而非真的發生遭小偷這類具體事件。這就是為什麼學會觀察我們的想法，而不是對它們做出反應，是消除焦慮的關鍵。

恐懼的想法向我們的身體傳遞訊息，讓我們做出反應。如果我們讓這些想法支配我們的大腦，那麼大腦的杏仁核，也就是大腦負責偵測恐懼和應變緊急事件的區域，就會受到刺激，使我們的呼吸心跳加快、腎上腺素升高。覺知心中生起的想法，而非無條件相信它們，這麼做可以向我們的大腦發出訊息，讓中樞神經系統冷靜下來。

那麼我們要怎麼做呢？第一步是學習簡單的冥想技巧。學習如何靜坐，在想法開始出現時便覺知它們。深呼吸，環顧四周，注意溫度以及你身體的感覺。你覺得餓？口渴？熱或冷？盡可能將自己帶到當下這一刻。提醒自己這是唯一存在的時刻。你擔憂的那些未來可能會發生的事並不是真實的，而且可能永遠不會發生。此刻你在這裡，你活著，你很安全。

即使焦慮依然在你體內蠢蠢欲動也沒關係。覺知呼吸可以幫助你安住當下。如果焦慮的想法仍然不斷出現，請不要氣餒。在正念中，感到不安沒有什麼不對。相反的，這是一個好機會，你可以練習利用覺知當下來改變你和這些情緒的關係。觀察焦慮的想法，而不是相信它們。

正念可以打破因焦慮而引起身體反應的神經迴路。正念讓你的身體與大腦皮質中樞合作，將目前的狀態解讀為安全的狀態。你或許無法停止這些讓人焦慮的想法，不過你可以學習不去相信它們。如此一來，就算這些想法無法停止，它們也無法再控制你。

面對焦慮和恐慌時，這些都是值得我們去嘗試的事。倘若你能夠在尚未陷入焦慮時就練習正念與冥想，那麼當焦慮真的發生了，你對它會有更好的掌控力。

如何冥想

冥想沒有你想的那麼困難。你不需要打造特定的環境，也不用任何特殊的工具。冥想不是要達到什麼涅槃的境界。正念與冥想只是要我們將覺知帶入當下這一刻。但是當我們陷入喪慟時，往往做不到。

當我們悲傷難過時，腦袋裡會有各式的想法跑來跑去。我們回顧過往，不論是我們如何失去所愛、我們做了什麼以及沒有做什麼、過去的回憶、逝者的身影。我們也會對未來有各種想像，擔憂生活將因為失去所愛而變得不同。我們會修改對於未來的各種計畫，想像生命將會變成何等樣貌。但不論是對過往的回憶或是對未來的想像，這些思維模式都不是關於當下。因此，學會溫柔地將你的覺知帶入當下，是很有益的做法。

你或許害怕這麼做代表你得拋下過去的回憶，或是沒有辦法好好思考與計畫未來。但是正念並沒有要求你這樣做。相信我，你對於過去和未來還是會有很多的想法。正念只是要你花更多時間在當下，尤其是當你感到焦慮的時候。

參加課程或工作坊是展開冥想的好方法。個別指導以及與其他具有相同動機的人一起練習，可以增加專注力。只要你準備好就可以去嘗試。現在我將帶著你，依據幾個簡單的方法，在家中探索與練習。

冥想引導

首先，找一處不受打擾的安靜地方。選個舒服的姿勢；我不建議躺下，因為有時候你可能會就這樣睡著（儘管半夜睡不著時，這是很好的助眠法）。放鬆地坐在椅子上或地板的坐墊上。找個能夠讓自己維持至少五分鐘不動的姿勢。我喜歡坐在有靠背的椅子上，雙腳著地，兩腿併攏，雙手輕放在大腿上。請計算冥想的時間，可以設定五分鐘計時（亦可在心裡數算，不過這麼做可能會讓你分心）。

現在閉上眼睛，做幾個深呼吸，讓自己適應這個空間。注意身體的壓力，感受壓力出現在哪個部位，花點時間釋放它。放鬆雙肩，放鬆下顎，放鬆舌頭，眼皮覺得沉重就閉上。保持正常呼吸。

呼吸時，注意空氣進入鼻腔的感覺。保持覺知，感覺空氣一出一入，將注意力集中於此。如果你聽見外頭的吵雜聲或是突然覺得腳很癢，你意識到它們，但接著將注意力轉回到呼吸上。你會意識到各種思緒來來去去。你可能會想起購物清單或者是今天晚上的計畫；你可能會為失去所愛感到哀傷，或是對未來感到焦慮。

意識到這些念頭與想法的生起，不要加以評斷，不要感到厭煩或失望。觀察它們，讓這些想法自由來去。你不用抓著它們，被它們牽著走，只要讓它們一個個從你的心裡流過。等你做完冥想，隨時可以再去檢視你的想法。觀察每個出現的想法，溫柔地看著它們來去的過程。

重點在於成為思想的觀察者。我們的目標並不是要叫所有的想法都安靜，儘管隨著更深層與更有規律的冥想過程，確實可以平息思緒。現在你要做的就是觀察你的想法，而不是對它們做出反應。不斷回到你的呼吸。

五分鐘後，慢慢睜開眼睛，將你的意識帶回你所在的地方。深吸一口氣，稍微動動身體，放鬆緊繃的地方。你可以選擇結束練習，或者再度閉上眼睛做五到十分鐘的冥想。在練習的初期，這樣的反覆冥想對你很有幫助。

不管是否繼續冥想，花點時間記下你的經驗。什麼部分最容易？什麼地方最困難？你是否能夠觀察自己的思緒，而不是被它們牽著走？你有什麼感覺？你注意到什麼不同嗎？剛開始練習時，你可以隨時記下你的想法，並在每次練習後寫下你的觀察紀錄。

何時何地開始冥想

我的經驗是，冥想練習很快就融入我的生活。雖然我不覺得自己精通冥想這門藝術，但我很快學會以不同的方式觀察自己的思緒。在接觸冥想之前，我一直覺得生活被焦慮的思緒給綁架了，但現在不會了。我會注意到焦慮的想法何時出現，但不會讓自己被它們影響。

這種正向的體驗讓我更願意繼續練習，我開始在課程之外的時間進行冥想。我在臥室靠窗的角落騰出一塊空間，每天早上開始一天的活動之前，我會靜坐十分鐘。安排一個固定的冥想處很有用，可以省去每次尋覓地點的麻煩。

你可以隨意選擇一個空間。清理家中閒置的房間，稍加裝飾，擺放蠟燭、盆栽，再放置舒適的坐墊。讓它成為你享受冥想的地方。

打造一個練習冥想的空間以及在固定時間練習，目的在於建立冥想的習慣，這麼做可以訓練你的大腦為冥想做好準備。選擇一個你不會太疲憊的時間，早上、中午或下午都可以。有些人喜歡在一天的開始和結束時進行冥想。

我個人特別喜歡在下午的時間冥想，感覺就像是替一天的忙碌生活和紛亂思緒按下重置鍵。早晨冥想則是開啟一天生活的美好方式，可以讓你更加心平氣和。如果當天你有重要的工作或安排，不妨在忙碌的午後抽出十分鐘進行冥想，重整思緒將會有意想不到的效果。

記住，抗拒冥想是很正常的反應。有時候我不想做冥想，或根本沒時間去做。然而，當我克服種種理由，給自己幾分鐘的平靜，總是能夠收益良多。如果你需要冥想的指導，可以加入冥想課程或下載手機應用程式。最重要的是，當你踏上這段旅程時，記得對自己要有耐心和愛心。

正念生活

在思考正念的概念以及實踐正念時，有幾件事情請你牢記在心。

喬．卡巴金在《正念療癒力》（*Full Catastrophe Living*）一書中概述了正念生活的七大態度：不批判、耐心、懷抱初心、信任自己、不強求、接受和放手。將這些態度應用到你的冥想練習和生活中，對於處理焦慮和恐慌很有幫助。以下是我對卡巴金的正念生活的詮釋：

不批判：從經驗和想法中退一步，以觀察者的角度去看，而不是急著對周遭發生的一切進行分類和批判。

耐心：覺知自己的不耐煩，以及想要對思緒和經驗匆匆做出反應的衝動。對自己保持耐心和愛心，學習活在當下，而不是被想法拉著走。

懷抱初心：對自己的經驗抱持更開放的心胸。以新生的視角觀看世界。享受午後透進窗子的日光。用孩子一般的好奇心去看待每一次經歷。

信任自己：隨著冥想的練習逐漸深入，你將對周遭環境和自己的內在智慧更加信任。

不強求：採取一種類似「無為」的態度，這對冥想來說很重要。學習好好存在，而不是一直想著要做什麼。你會開始感受到一種新的平靜。

接受：願意接受事物當下的樣貌，而不是一直想要去改變它，或者因為它的樣貌與你想的不同而感到失望。活在此時此地，不論你有什麼感受和經驗，抱持同情去接受它。

放手：這是減輕痛苦的關鍵。當我們緊緊抓著某個人事物時，便會產生苦受。我們永遠無法真正抓住什麼，也無法期待完美的結果。學會對這些期望放手，有助於修習正念和自在。

這七種態度的內涵顯然不只如此，但是當你在做正念練習時，有了這一層基本的理解，對你來說會很有幫助。

冥想是緩解焦慮的有效工具。當我們陷入悲傷時，很容易沉浸過去又擔心未來。專注當下與覺知當下，你會立刻感到釋放。正念的練習可以有效影響生活的各個層面。你會發現你對自己和別人都變得更有愛心。你的心將有更大的療癒空間，焦慮也因此少了許多。

現在就朝這個方向邁出第一步。閉上眼睛，深呼吸……

焦慮檢測表

檢視你的焦慮程度。本章介紹了正念和冥想的技巧，這是我在處理和減緩焦慮情緒時最喜歡的工具。本書的目的，以及你根據本書介紹所做的練習，都是為了藉由接受悲傷和失去來減輕焦慮。在這段過程中，學習活在當下，對自己抱持同情，是重建平靜生活的最佳方式。

以一到十作為評分標準（十代表焦慮程度最高），你覺得你現在的焦慮有幾分？

1　2　3　4　5　6　7　8　9　10

你目前有以下哪些症狀？

□恐慌發作

□失眠

□噁心

□頭暈

□心跳加速／心悸

□過度憂慮

□憂鬱症

希望到目前為止，你已經能夠看到自己的恐慌與焦慮有明顯的改善。如果你覺得自己還在掙扎，不妨重讀那些讓你產生共鳴的章節，或是尋求治療師的協助，他們可以幫助你應用這裡學到的方法。下一章將探討以開放的心態面對更深刻的信仰體系，無論是宗教還是靈性的層面，目的在於重新找回你與逝者的連結，以及生命的意義。

第十章

對生命的信仰

看不見的線才是最無堅不摧的連結。

——尼采

人死後會發生什麼事？有沒有來生？我們可以與逝去的摯愛搭上線嗎？他們看得見我們嗎？我們能和逝者再相聚嗎？要把這些問題想清楚很困難，卻是喪慟過程必要的一部分。拒絕好好思考這些神祕的事物，將會阻礙情緒的成長，從而觸發焦慮反應。

在這一章，我要你先把你對於來世和死後世界的想法擱在一邊。即使你堅信人有來世，或者你認為根本沒有來生，我都希望你能暫時抱持開放的態度，深入探索這些觀念，以新的思維來思考死亡這件事。

身為一名治療師，我看到那些能夠與逝者保持美好連結的人，悲傷的歷程往往也會走得容易一些。不過這種連結對每個人來說千差萬別，幫助案主探索這種連結的意義是我的重要任務，尤其有助於緩解焦慮。

回想一下前一章提到的詹姆斯。雖然他傾向以一種存在主義式的立場思考死亡，他也不相信來世，但是他透過寫信給逝去的父親，從而再度建立兩人的連結，也從中得到相當的慰藉。他不需要對於人死後將何去何從有一個明確的信念，他只需要重新感覺到與父親之間的連結。對他來說，這麼做是減輕焦慮的良藥。

正如我在第二章提到，在悲傷心理學的演進中，有很長一段時間人們一直強調要幫助喪慟者學會「放手」。但過去幾十年裡，我們看到了方法的轉變。現在許多文獻和相關從業者更加強調幫助案主與逝者保持連結，研究顯示這對於治療過程會更有效用。這麼說有其道理。當我們失去重要的人，要完全切斷彼此的連結是不可能的事。失去本來經常會說話或見面的人，是一件令人震驚又難過的事，想到這樣的關係永遠要結束了，更是讓人無法忍受。我們如何才能夠從如此親密的關係走向一切歸零呢？

答案是，我們不需要這麼做。

事實上，死亡並不代表關係的結束。深呼吸，讓這句話迴盪在你心裡。你和逝者之間的關係並沒有結束。

當你透過新的生活經驗而改變與成長後，這樣的關係也會演進。隨著時間過去，你會發現自己對逝者的想法或感覺也跟著改變了。以我為例，自從我母親過世後，這二十年來我和她的關係不斷成長和變化。

我經歷過對她感到憤恨的時期。有時候我覺得與她距離遙遠，有時候又覺得無比親近。曾經我想要成為像她那樣的人，也曾經我努力要做個與她不一樣的人。在這個過程中，我的許多生活經驗，例如生孩子或是到了跟她當媽時一樣的年紀，讓我對於她有更深的認識，也讓我對於我們過去和現在的關係有了新的體悟。

一路走來，我渴望與她建立更深、更靈性層面的連結；這是在喪慟早期我根本想都沒想過的事。但這麼做不僅強化我與母親的關係，也強化了我和女兒們的關係，她們甚至沒機會見過外婆。

這麼做以及相信我們與逝者的連結並沒有結束，可以為生者帶來極大的安慰和療癒。在本章中，我將提供許多問題讓你去思考，並且教你如何創造儀式來建立這樣的連結。

當然，這對有些人來說很難做到，對有些人而言則容易些。有的人可能還沒準備好接受這項功課，但是我鼓勵你無論如何都要閱讀本章，將這些想法記在心裡。當你處於喪慟的初期階段，你可能對探索這些虛無縹緲的概念感到抗拒或不知所措，但隨著時間過去，這麼做有助於讓你重回正常的生活軌道。

作家雪兒．史翠德說：「我還是很難過。我想要我母親回來。聽起來很簡單，卻是不可能的事。但是透過寫作，我把她帶回來了。我做到了作家可以做到的事：我讓她躍然紙間。雖然不夠，卻意義重大。從中我得到極大的安慰。」

對我來說，十八歲喪母時，我根本沒有做好心理準備去想她究竟去了哪裡。我迷失方向，我既害怕又生氣。我不願去想她是否去到了什麼地方，也不想面對孤寂。我只想要我的母親回到我身邊，出現在我面前，讓我能夠觸碰她、擁抱她、跟她說說話。背負著這種感覺過了多年，我試著往前邁進，放手讓她離去，但結果是：完全行不通。我對母親的愛，以及她在我心中的重量，絲毫未減。我明白我應該做的是尋找有意義的方式與她保持連結，而不是努力要「放手」。

大約就在我第一個女兒出生時，我突然很想念母親，我很難過我的女兒永遠沒辦法認識她。我決心不僅要把母親帶回我的生命中，也要把她帶進我的孩子的生命中。

我也意識到我渴望有個能用來理解死亡與來世的認知框架，那是我過去從未沒有過的。那時候我正好擔任安養中心的悲傷諮詢師，我發現許多案主也面臨同樣的困境。那些沒有宗教或靈性信仰的人都缺少一個認知框架，可以用來理解他們的喪慟與失去，以至於只能在不安與不確定間掙扎。他們當中許多人因為失去與逝者之間的連結而感到沮喪和焦慮。

我渴望找到答案，不僅為了我自己，也為了那些案主們。這種渴望促成了我上一本書《在這之後：當生命結束，我們將何去何從》（*After This: When Life Is Over, Where Do We Go?*）。為了寫書，我與牧師和拉比談論到薩滿儀式和通靈。雖然我並未找到人死後究竟會如何的確切答案，但我的確因此感到更加釋懷，面對失去我更能夠平靜以待，並且與死去的父母有了更強的連結。

現在我覺得我和父母親的關係是他們離開多年以來最親密的時候。我將他們的精神傳遞給我的孩子們，我的女兒們經常提起與談到外公外婆的種種。我教她們我母親教我做的菜，我經常給她們講述我父親的冒險生活。屋子裡掛著許多舊照片，我們總是在節日和紀念日時做些儀式來紀念他們。這麼做為我帶來一種美好的平靜感受，也讓我的孩子們感受到她們並沒有少了外公外婆的陪伴。

更重要的是，這麼做平息了我的焦慮。在恢復與父母的連結之前，我一直有種難過的空虛感，現在我明白這種感受來自於我與父母的連結被切斷。恢復這種連結，除了是靈性的成長，還帶給我安全感：如果我不幸早逝（我最深的恐懼之一），我的孩子們已經盡所能地瞭解了她們的祖父母；我也相信在我離開後，她們會知道如何與我保持同樣的連結。

將你想要說的都說出來

如果你對逝者仍然怒氣未消，或者兩人之間還有未解的難題，你可能會覺得要重新建立連結很困難。當你依然感到憤怒時，如何接受靈性連結的想法？答案是，找到表達憤怒的方式，是重建連結的開始。如果你還有什麼話沒說出口，或者你需要表達內心的不滿，不妨就做吧！給逝者寫封信，告訴他你有多生氣，或者任何你想要表達的事情。釋放積壓的情緒，將心中想要說的都說出來，我們才能走向一個更柔軟的境地。

當所愛的人走了以後，我們下意識地會認為已經失去了解決問題的機會，但事實並非如此。一旦你克服了憤怒、怨恨或內疚的感受，你會更容易接受與逝者連結的體會。

在我們的文化中，死亡並非可以公開談論的話題。事實上，你甚至不知道你最親密的朋友和家人對死後世界有什麼看法。當年我在一堂關於「老化和死亡」的研究所課程中，對此尤其深有所感。這門課的教授把我們分成幾個小組，各組圍成一圈坐下，分享各自對於人死後會發生什麼事的看法。

那堂課深具啟發性，後來我在執業生涯中多次回顧。那一天同學們席地而坐，感覺我們好像在做什麼非法勾當，談論著人們往往避談的問題。我驚訝地發現，從同儕口中聽到這麼多不同的想法是多麼吸引人，同時也是一種情感的宣洩。有些人什麼都不相信，有些人則有很強的信念，還有些人講述他們與已故親人之間看似靈異的經驗。但每個人都有自己的想法和信仰。在那以後，甚至在我著手寫上一本書時，我開始詢問每個我認識的人對死後世界的看法。

這也成為我在個案治療過程中的一部分。當我陪伴案主度過悲傷歷程的初期階段，克服了種種情緒問題，開始探索新生活的可能時，我總是會提出許多問題，而這些問題的答案總是能夠為他們的喪慟和生活帶來更深刻的意義。

我希望你也能夠問問自己這些問題，對於各種信仰與想法抱持開放的心態。慢慢來，如果需要的話，你可以多讀幾遍。坐下來，仔細想想這些問題。

剛開始思考人死後會發生什麼事時，你可能會感到有些恐懼。這種未知的感覺正是焦慮的根源。人類向來害怕未知的事物。而死亡對人類來說是最大的未知數。但唯有面對恐懼，才能夠戰勝恐懼。

當焦慮浮現時，你要成為一個溫柔的觀察者，就像上一章提到的那樣。你對於死後世界的想法只是一個想法而已。敞開心胸，找到讓你更安心的新想法，有助於減少你的焦慮。

當你在回答這些問題時，你可以隨意將想法記下來，或者把它們視為一種工具，與你的治療師或靈性導師一起做更深入的探索。

一、你認為人死後會發生什麼事？

首先注意你對這個問題的即時反應；思索一下你的反應。你的答案是你從小就深信不疑的嗎？它是基於你父母的想法，還是源自於你從小接受的宗教，或者是你現在的信仰？

這個問題沒有正確的解答。這些驅使你做出最初反應的原因都沒問題。但此刻你失去了所愛的人，你對死後世界的想法比任何時候都來得重要。我要你認真看待它。它是否能夠帶給你慰藉？它是否適合你、你與逝者的關係，以及你想成為什麼樣的人？

如果你的第一個反應是人死後就什麼也沒有了，請你再想一想。你真的相信嗎？如果答案仍然是肯定的，沒關係。然而，如果你有一絲一毫的懷疑，那麼我要請你珍惜這一些些好奇心。你仍然可以繼續相信死後就什麼都沒有了，但在此請你敞開心胸接受其他可能的想法，看看你會有什麼感覺。

二、如果你對死後世界（不論有或無）有堅定的信念，你是否有個靈性、宗教或哲學的框架可以探索它？

多數人都有自己的信仰，即使我們甚至不知道它從何而來。現在，先確定你自己的信仰是什麼，仔細想想你是否要繼續抱持這樣的信仰。

如果你確定這個信仰最能引起你的共鳴，而且它對你有用也具有療癒效果，那麼我希望你能強化它。擁抱信仰是度過悲傷的關鍵，從而也會減輕你的焦慮。擁抱信仰亦有助於重建與逝者的連結感。

即使你相信死後什麼都沒有了，你仍然可以讓你的大腦與心靈接受與逝者連結的想法，而不必然要相信他們可以聽到你的聲音或確實存在另一個世界裡。

如果你不確定是否要繼續堅持你的信仰，那麼現在是一個好機會讓你可以探索這個領域。問問自己是否對哪些宗教或哲學感興趣、去參觀教堂或寺廟、閱讀一些關於不同宗教或來世觀點的書。

持續嘗試，直到你找到能夠引起你共鳴且吸引你的東西，然後多去認識它、接受它。或許你可以加入教會，找個願意開導你並幫助你探索信仰的牧師。將宗教的實踐融入你的日常生活。或者你可以參加冥想和靈性探索的工作坊，把這些方法融入你的儀式、節日和紀念日。

想想逝者的靈性或宗教信仰，或許他們的信仰會讓你感到慰藉而願意接受。這將會為你們帶來更大的連結。最重要的是，和別人談談你對於死後世界的看法。即使你不確定自己怎麼想，聽聽別人的意見也會讓你感到安慰且增廣見聞。

三、問問你自己，你最希望人死後會發生什麼事？

我曾經問一個作家朋友，他覺得人死後會如何？我知道他是個無神論者，但我還是很想聽聽他是怎麼想的。他打量了我一會兒後說：「克萊兒，妳希望我們人死後會發生什麼事？」

我楞了半晌，我從來沒有想過這個問題。過去我都只是根據我學到的觀念和信仰在思考死後的世界。

我花了將近一年的時間思考這個問題，在腦海裡反覆思索各式各樣的答案。最後我總算得出結論，便開始去尋找支持這個答案的靈性知識，藉此我也更能夠深入探究我的信仰體系。

我希望你們也這樣做。想想看，你希望人死後會如何？不要讓自己受限，什麼樣的回答都可以。可以是任何地方，任何你想要發生的事。你可能很快就會有答案，或者你像我一樣必須思考很久。不管怎樣，以你的答案為起點，深入理解某個宗教或哲學，用它來強化你的信仰體系。

強納森的故事

強納森來找我進行諮商時，他的妻子莉茲已經過世三年。莉茲死於癌症，留下兩名稚子，而當時強納森也才三十出頭。

在我們第一次會面時，強納森告訴我，莉茲去世後的頭兩年，他根本不覺得自己需要治療。但現在回頭看，他認為諮商治療或許會有所幫助，因為他發現自己有許多問題要克服，而這些問題已經導致他深陷憂鬱和焦慮。

莉茲死後，強納森認為自己別無選擇只能「咬緊牙根努力度過難關」。他有一份全職工作，還要照顧兩個年幼的女兒。儘管家人幫了他很多忙，但作為一個單親爸爸，他仍然感到不知所措。那時候他擔心如果他讓自己沉浸在悲傷中，悲傷會把他整個人給吞噬掉，他根本無法照顧孩子。

但幾年過去了，他的悲傷並沒有像他希望的那樣消失。事實上，有時候悲傷的情緒甚至比一開始更強烈。每每想到女兒們要在沒有媽媽的照顧下成長，強納森就感到更加焦慮和絕望。

他經歷了幾次恐慌發作，還有幾次情緒失控，最後決定前來接受治療。他知道在這些憤怒與焦慮的背後，是他沒有去正視和解決的悲傷情緒。

我與強納森的諮商治療持續了幾個月。有時候他會在過程中哭泣；莉茲死後他幾乎不允許自己哭。他訴說了他和莉茲的生活點滴，也回顧了妻子生病的那段時間，以及看著她死去的經歷。

強納森在不情願的情況下開始寫日記和進行冥想，而兩者對他都有積極的效果。到了這個階段，他的焦慮已經顯著減輕不少，但他的內心仍然隱藏著怒火。於是我引導他探索自己的靈性信仰。

自從莉茲被診斷出罹患癌症，強納森就一直很憤怒。他告訴我莉茲是個多麼好的人，她不僅善良、體貼，還致力於照顧有特殊需求的孩子。強納森很氣像莉茲這樣的好人竟然無法長命，無法陪在家人孩子身旁。強納森覺得莉茲不應該死，他的女兒們不應該在沒有母親的環境下成長。

我詢問強納森關於他的靈性和宗教信仰，我問他認為人死後將何去何從。強納森說他從小就是天主教徒，但他再也不去教堂了，因為宗教無法說服他。我問他是否曾考慮改信其他宗教。

強納森表示他幾乎已經放棄了所有的信仰，因為一想到要嘗試新的東西，他就覺得很氣餒。但他也承認有個可以依靠的信仰可能會對他有所幫助。

強納森告訴我，莉茲本來屬於自由派基督教會，但進入職場之後她變得不那麼虔信。在她生病之前有段期間，他們談論過要讓女兒加入當地的教會。後來她病了，這個想法便被擱在一旁。我建議強納森或許可以尊重莉茲的想法，也可以藉由加入教會重新探索自己的信仰。強納森開始經常和女兒們去參加禮拜，也和牧師談論他的信仰轉變。

強納森在新的教會找到極大的慰藉，重新建立與上帝的關係。他開始為自己的生命和莉茲的死尋找新的意義，過程中他的憤怒終於慢慢消散了。

現在強納森過得很好，他的女兒們也持續茁壯成長。他仍然定期去教堂做禮拜，他告訴我他覺得和莉茲的關係比以前更親近了。他表示如果沒有面對自己的悲傷，他真的不知道還能承受多久的焦慮和憤怒。

懷疑論與樂觀主義

有些人覺得宗教或靈性信仰的角色有點像替罪羊，讓我們對命運抱持錯誤的希望或過度樂觀的期待。對於這個說法，我想要說的是，即使是錯誤的樂觀和希望，也好過於讓人疲於應付的焦慮和憤怒。

在我為了上一本著作而研究死後世界的問題時，除了宗教和靈性信仰，我也拜訪了十多位靈媒。我的許多案主曾經與靈媒有過接觸，不少人也對靈媒感到好奇，所以對此我希望能夠有個基本的理解，以便與案主們進行相關討論。

根據我的親身經驗，有些靈媒的確令人懷疑，顯然是江湖術士；但我也確實遇到一些令我百思不解的事，讓我重新思考我的信仰。不能否認的是，那些從靈媒身上獲得正面體驗的人，在心靈平靜以及與逝者的連結上都有明顯改善。

這樣的連結和平靜感讓我領悟到，你相信什麼是「真的」並非重點。重要的是你的感覺。所以，請對探索這個領域的所有可能途徑抱持開放的態度。

儀式和紀念行動的力量

我曾經和一位拉比聊過，他說在猶太的宗教信仰裡很少強調來世，來世是一個人在今世結下的果。一個人的來世是由他遺留下來的東西、他生前所做的好事，以及他帶給別人的價值所組成的。我覺得這個想法令人感到安慰又很受用。

事實上，要與逝者保持連結根本毋需依賴任何宗教。有無數的方法可以紀念你所愛的人，並創造有意義的儀式，把他們帶入你的日常生活。

艾莉絲的母親向來對無家可歸的人充滿同情和關懷。雖然她是一位全職媽媽，但她經常去擔任義工，也常捐錢給收容所。艾莉絲十幾歲的時候就跟著母親一起做義工。而艾莉絲是在母親去世好幾年之後前來找我進行諮商，當時她努力要尋找生命的意義，做著一份她不感興趣的工作，與一個她覺得不好不壞的男人在一起。

當艾莉絲說起和媽媽一起做義工的故事時，我看到她整張臉亮了起來。她告訴我這是她最美好的回憶。當我問及艾莉絲在她母親去世後是否繼續幫助無家可歸的人，她很訝異自己竟然沒有這麼做。她有一種恍然大悟的感覺。

後來艾莉絲辭去了工作，在一家幫助街友重返職場的組織找到一份工作。幾個月之後，她的整個生活都不一樣了。她每天開心地去上班，覺得自己以一種有意義的方式貢獻這個世界，不僅如此，她在做這件事時覺得自己和母親也更加親近了。

有成千上萬種方法可以用來紀念你所愛的人並且重新連結過去的記憶，甚至比艾莉絲的方法更加簡單。我的母親是一位廚師，我從小跟著她在廚房裡打轉。她走了以後，我很想念母女共度的時光，更想念她做的東西。二十歲出頭的時候，我開始試著自己做飯，我很驚訝自己對料理如此熟悉，我想是因為過去我常常看著母親這麼做。直到今天，每當我做飯的時候，我都覺得自己和母親的連結更加緊密了。我也會和女兒們一起做飯，邊煮邊分享關於我母親的故事，就像她依然陪伴在我們的身邊。

每當我問案主們有什麼方式可以紀念逝者，或是怎麼做可以讓他們覺得更接近對方，他們總是能夠想到一些辦法。我相信你也辦得到。儘管如此，你還是可以在這裡找到更多點子。這麼做會讓你覺得更接近逝去的人，這樣的親密感會讓你再次感到生命的完整，從而減少焦慮的發生。

紀念日和節日

生日、忌日、結婚紀念日……這些日子對生者來說都很難熬。有些人選擇迴避這些特定的日子，有些人則願意擁抱它們。但即使是那些試圖忽略的人也不可能完全忘記。通常在這些日子到來之前會有許多期待，過後則讓人鬆了一口氣。

逝去所愛，沒有對方陪伴的紀念日，只會更加凸顯你的悲傷。然而，想辦法把對方融入你的節日儀式中，能夠帶來更強烈的連結感。面對這些節日，在這些日子裡做些有意義的事，有助於緩解你的悲傷與焦慮。以下是一些建議。

- 做他最喜歡的料理。
- 去他最喜歡的餐廳。
- 到他的墓前追思。
- 以他的名義捐助慈善。
- 種花或植樹。
- 去他最喜歡的地方旅行。

- 給他寫封信。
- 參訪具有宗教意義的地方。
- 看他最喜歡的電影。
- 去他一直想去的地方。
- 穿戴屬於他的配件或衣服。
- 觀賞家庭電影或翻閱舊照片。
- 舉辦聚餐，讓每個人分享故事。
- 邀請聚會上每個人分享關於他的回憶。
- 以他為名說些祈禱或祝福的話。
- 即使他已經不在了，還是為他留副碗筷。
- 保持他特別喜歡的傳統。
- 聚會時擺放他的照片。
- 為他點支蠟燭。
- 為他掛上特別的裝飾。
- 為他舉杯。

- 在聚會上播放他最喜歡的音樂。
- 為他默哀片刻。

我們這群在喪慟領域工作和寫作的人都認為，長遠看來，那些願意花時間紀念和談論逝者的人，情緒表現會更為穩定。

艾莉森·吉爾伯特（Allison Gilbert）是這方面的專家，她的著作豐富，包括《失親的父母》（*Parentless Parents*）以及《過去與現在：對他記憶猶新》（*Past and Present: Keeping memory of Loved Ones Alive*）。艾莉森的母親在她二十五歲時死於癌症，六年後，她三十一歲時，她的父親也死於癌症。從那以後，她以自己的經歷幫助許多人理解喪慟的過程，以及與逝者保持健康的連結有助於療癒悲傷和焦慮。對艾莉森來說，這樣的體悟來自於看見自己對於失去所產生的焦慮，而這些焦慮化為不健康的情緒，包括非理性的恐懼以及災難性的思考模式，比如當她兒子晚四十五分鐘才回到家。她描述說：

事發隔天，我對自己的行為有了一番領悟。我收起自己的情緒，平靜地跟兒子傑克和丈夫馬克談起我的憤怒。喪親之慟確實對我造成傷害。我相信咳嗽會變成癌症，幾個月內就會奪去一條人命（我父親）。事情瞬間發生，我們往往無法控制它們。傑克認真聽著，而馬克和我都認為，馬克之所以不擔心這些，是因為他從未經歷死亡，所以我們的看法不同。我的喪慟經驗形塑了我看待世界的方式，也解釋了為什麼我傾向以最壞的情況來看事情。

她也解釋說：「孩子還小的時候，我的焦慮行為看起來並沒有不正常。我是一位好母親，因為我隨時保持高度的警覺。我是一位好母親，因為我對於嬰兒車的安全報告和汽車座椅的說明做了詳細研究。現在，作為兩個十幾歲孩子的母親（我女兒十五歲），我的這些行為對他們造成了很大的壓力。」

從那一刻起，艾莉森開始尋找與逝者保持連結的方法，以減輕她對失去的焦慮。當我們找到與逝者連結的方法，關於死亡的災難性思維就會獲得緩解，我們才不會時時感到恐懼，從而使焦慮的心得到撫慰。

「我花了好一段時間才明白，想要對父母保持鮮明的記憶，我只能靠我自己。」艾莉森說。「我必須積極主動。隨著孩子們越來越大，我希望能在他們的生活中留下祖父母的身影。我想讓他們理解祖父母的價值觀、看待事物的方式和經驗。我希望孩子們學習前人的智慧。但這不可能突然間就發生。我必須下定決心，把這些智慧傳遞給孩子們，不是一下子全部倒給他們，而是在適當的時候，慢慢地、一點一滴地灌輸給他們。」

艾莉森沒有轉向宗教或靈性，而是創造了一個對她而言有意義的連結。「我需要的是讓我對父母的記憶活起來的具體做法。對我來說，抽象概念沒有用，真正的快樂源自於將舊照片數位化、用父親的領帶做一條小被子、烤個媽媽的水果派。採取明確的做法來紀念逝者，讓他們繼續存在我們的生命中，是療癒以及重新開展新生活的重要方法。」

艾莉森對保持記憶的建議

- 栽植：紀念逝者最令人開心的方式之一就是種植水仙花，一個有趣又有意義的方式。可能的話，每年為逝者種一株球莖。這是一個能夠讓朋友、家人和鄰居都參與的活動。你不僅能有助手，還能利用這段時間與別人聊聊，分享對逝者的回憶。水仙花是能夠帶給人快樂的花朵：它每年春天開花，而且韌性很強。你不需要獨自收藏與逝者的回憶，回憶可以是社交的與充滿意義的；它可以振奮人心，也可以充滿樂趣。

• 以逝者之名：我會特別注意孩子與祖父母的關係。每當我提到我父母時，我會避免說「我媽媽」或「我爸爸」，而是稱「你們的外婆」和「你們的外公」。用詞很重要。將逝者的關係拉近，孩子們會更加專注聆聽，也更懂得感激。

• 積極主動：對許多人來說，喪慟焦慮源自於感覺無所適從。死亡，即使是預料中的事，最終也不是我們能夠控制的。主動去回憶逝者是一帖不可或缺的解藥。對所愛的人保持鮮明的記憶，不論是享用記憶中的美味、聽對方喜歡的歌曲、分享對方的故事，是一種重要的自我行動意識。我們之所以變得堅強，是因為我們奪回了主控權。

與逝者的連結感

我真心相信敞開心扉重建或加強與逝者的連結，是重獲心靈平靜與療癒的關鍵。不管你是最近才失去所愛，還是在幾十年前遭遇喪親，思考靈性層面的問題、尋求支持、加深與逝者之間的連結，永遠都不嫌遲。這麼做對於降低焦慮程度會有莫大的益處。

需要的話，你可以反覆閱讀本章。讓這些問題和想法迴盪在你的腦海裡。你對一個人的愛並不會因為他的死亡而消失，你與他的連結當然也不會消失。

焦慮檢測表

檢視你的焦慮程度。讀完本章後，我希望你能想想你都是怎麼理解死亡與生命的。想辦法讓對方的死以及你接下來的生活變得更有意義，是減少焦慮的好方法。

以一到十作為評分標準（十代表焦慮程度最高），你覺得你現在的焦慮有幾分？

1　2　3　4　5　6　7　8　9　10

你目前有以下哪些症狀？

□恐慌發作

□失眠
□噁心
□頭暈
□心跳加速／心悸
□過度憂慮
□憂鬱症

順利的話，現在你的恐慌和焦慮程度已經有明顯的改善。如果你覺得自己依然不好過，不妨重讀那些讓你有感的章節，或尋求治療師的幫助，他們可以幫助你運用你在這裡學到的方法。下一章將討論如何面對死亡的恐懼，並幫助你為自己的死亡做好準備。我知道這聽起來很可怕，但面對這個問題是消除焦慮的重要一步。

第十一章

規劃身後事

至於害怕死亡，我的朋友啊，那只是我們自作聰明，因為我們自以為懂了我們並不瞭解的事。沒有人知道死亡是否是發生在人類身上最美好的一件事。

——柏拉圖

一切焦慮都源於不確定性，而還有什麼比「死」更加令人感到不確定的呢？我們害怕死亡，因為我們不知道它什麼時候來，也不知道它會怎麼發生。然而，克服我們對死亡的焦慮的最好方法之一，就是去面對它。

多數人總是迴避為死亡預做準備的想法，他們覺得沒有理由在健康或還年輕的時候就談論死亡。但是對於我們這些對死亡感到焦慮的人來說，採取預防措施和做好面對死亡的準備，會讓我們覺得好過許多。不意外的，經歷喪慟會讓我們比過去更常思考死亡的問題。失去所愛的人總是會提醒我們人終將一死。但你發現自己還沒有準備好接受死亡，你對準備死亡感到抗拒，或者你完全不想去想這個問題，這些都是造成焦慮的原因。

在本書最後的一塊拼圖中，我們將學習各種面對死亡的方式，以便緩解你的焦慮情緒。

首先，每個人都會死。假裝不會有那麼一天，或者不去想這個問題，並無法阻止死亡的到來。做好面對死亡的準備，將會帶給你更大的安全感。

我們生活中的許多焦慮都來自於對死亡的不同恐懼。我們的一生中會失去很多東西，不論是工作、伴侶、寵物，甚至是生活方式。直接面對這樣的恐懼，把它攤開來檢視，真正地解決它，才能夠減少恐懼。而減少恐懼也就能夠減少焦慮。

我知道這聽起來很嚇人，相信我，因為我整天都和失去所愛的人為伍。我聽過無數關於死亡的故事，不論是可怕的疾病或悲慘的意外。生命消逝得很快。我很難在聽這些故事的時候不去想像它們會發生在我身上。然而我知道面對恐懼遠比壓抑恐懼來得健康許多。

我在安寧院所工作的時候，每週我們都要開幾個小時的小組會議，所有成員聚在一起交換意見，包括醫生、牧師、護士、社工和我。我們會仔細討論每位患者的狀況，而會議結束後我常常會感到疲憊和焦慮，耳邊迴盪著「癌細胞轉移到腦部和內出血」之類的話語。當時我發現自己常常會出現莫名的疼痛，我擔心自己是否得了癌症。

為了克服這些想法，我做了很多我在第八章和第九章談到的練習——重新訓練我的大腦，運用正念的技巧。除了這些工具，我明白要克服焦慮，我必須學會面對我的恐懼，也要學著坦然接受死亡的想法。

我強迫自己想像我的死亡，這麼做幫助我理解我需要改變的地方，以及我需要做的準備。而這麼做也確實減輕了我的焦慮。雖然我不想年紀輕輕就死，但現在我知道即便此刻我就面臨死亡，也不會有什麼遺憾或遺漏的地方。就從幾件簡單的事情開始，再往下延伸。我採取的每一步都能讓我清楚看見我的焦慮因此減少了。

- 預立生前遺囑。
- 預立醫囑。
- 投保人壽險。
- 讓家人知道我的葬禮要如何辦理。
- 交代朋友我死後想要完成的事情。
- 寫下我想讓女兒們知道的事。
- 整理我所有的帳戶和密碼資料。
- 寫信給家人朋友，讓他們在我死後可以得到安慰。
- 列出我想要女兒們去看看的地方。
- 寫下我想讓女兒們知道關於我和這個家族的事。

一路好走

本章將要探討臨終規劃以及相關事項。這麼做會讓你對於自己的身後事更安心，也可以直接造福你所愛的人，以及他們在你死後將會經歷的悲傷過程。

以我自己為例。我父親在知道自己即將不久人世之後，便開始整理他可以留給我的東西。當時我才二十歲出頭，住在紐約，而他住在南加州。每次我回去看他時，他都會和我一起坐下來把所有東西檢視一遍。他會告訴我他的保險箱鑰匙放在哪裡，並且跟我說他往生後想要火化。他還帶我去銀行，讓我成為他所有帳戶的聯名人。

有一次我坐在廚房的餐桌旁，他遞了一張紙給我。「親愛的，」他說：「我要妳寫下我死後妳必須做的每件事。」

我猶豫了一下，搖搖頭，告訴他我不想這麼做。他解釋說他這麼做是為了我好，因為他走了之後我要接手很多事情，他想趁他還能幫忙的時候協助我。我現在明白，他這麼做也是為了他自己。他一直擔心他死後我會不知道該怎麼辦（他的焦慮），而做這些事情有助於減輕他的擔憂。

父親過世後隔天早上，我拿出他生前要我寫下的清單，盯著那張紙看。我難過不已，但我是唯一可以處理這一切的人。「寫一篇訃聞。」清單上第一件事。「選擇火葬場。通知社會保險局。開立死亡證明。通知銀行。」一回想起他要我寫下這些事的那一天，我在淚眼婆娑中笑了出來。即便死亡逼近，父親仍然和我在一起，指引我的生活。我對他逼著我和他一起面對這些事情滿心感激。

我知道光是想到這一切就讓人害怕，但事實是，在你內心深處，你已經在思考這些事了。逃避面對死亡的後果將以焦慮的形式表現出來。而訣竅是從小事開始。你不需要一下子解決所有問題。從簡單的事情開始。即使只是列出所有死後需要處理的事。

寫作本章時，我請教了朋友艾咪．皮卡德（Amy Pickard）。艾咪在她母親去世後，創立了一家名為「一路好走」的禮儀公司，協助個人和家庭辦理親人身後事。

艾咪的母親在艾咪四十三歲的時候過世，留下一堆事情讓艾咪處理。艾咪很訝異母親生前什麼也沒有準備，她被繁雜的待辦事項搞得焦頭爛額。她和母親很親近，儘管喪慟她還是得處理一堆棘手的問題。

「陷入悲傷會讓我產生焦慮，那是我第一次恐慌發作的原因，」艾咪表示：

我知道我的恐慌與死亡有直接關係。我記得我聽過一個故事，一個朋友在四、五歲時因為對「無限」的概念感到害怕而恐慌發作。我之所以想到這一點，是因為當某些事情超乎你的理解或能力時，就會引發焦慮。死亡就是其一。我們的大腦無法處理如此龐大的壓力，從而引發了恐慌。當你感到完全無法控制、無法理解時，焦慮就會出現。

母親去世時，我不知所措。我沒有料到在她死後會有一堆雜事得一項一項去處理。她完全沒有做好面對死亡的準備。她有一份一九八七年立好的遺囑，但我們是在她過世一個月後才發現。而直到律師告訴我，我才知道她有人壽保險。我同時也感到生氣。為什麼我要把這些事都弄清楚？為什麼要由我來處理這一切？儘管我和媽媽很親密，但我真希望我們當初有針對這些事情好好討論過。

在母親過世後那一年，艾咪時常想到其他人也會經歷跟她一樣的困境，於是她開始探問朋友或家人是否想過如何處理自己的身後事。她驚訝地發現大多數人都回答說：「沒想過。」

不久之後，她在朋友家舉辦了第一場「一路好走」聚會。結合她從事音樂工作的背景以及對搖滾樂的熱愛，她準備了與死亡相關的音樂，並鼓勵與會的年輕人趁著身體健康時把喪禮當成一場聚會，席間還可以提供點心和酒。

艾咪認為喪禮不一定非得是沉重和沮喪的，如果我們能夠找到讓喪禮變得有趣、甚至愉快的方法，便可以減輕沉重的情緒負擔。她還創造一份名為「離職檔案」的文件，帶到她主持的派對上發給與會者。

「當我在擬定『離職檔案』時，」艾咪告訴我，「我想的是我希望跟母親之間會有什麼樣的對話？她希望我怎麼處理她的遺物？她認為人死後會發生什麼事？她會如何安慰難過的我？」

這些正是艾咪要求與會者思考和回答的問題。今日艾咪在全國各地主持「一路好走」的生前喪禮。二〇一五年我主持了我自己的「一路好走」派對，雖然那次體驗帶給我很大的震撼，卻也是一種心靈的淨化。

我邀請前來參加派對的十二個人圍坐在我的客廳裡，談論著生命的終點。有許多問題需要思考，不僅僅是「離職檔案」中那些問題，還有因為不可避免的死亡所引發的種種思索。然而每個人在離開時都感到更平靜，面對死亡也做好了更充分的準備。

這裡提出一些問題供你開始思考。一步一步慢慢，建立屬於你自己的「離職檔案」，或者聯繫像艾咪這樣的單位協助你完成這項任務。

身後事的安排

一、你是否預立遺囑或醫療指示？

二、你的親人是否知道你想要的葬禮和追悼會形式？

三、他們是否知道你死後想要土葬或火化？

四、你是否整理出所有的帳戶和密碼？

五、你的親人知道哪裡可以找到你的重要法律文件（遺囑、醫療指示、出生證明、結婚證書、房契和保險單）？

六、你是否指派專人管理你的資產或成為你的帳戶聯名人？

七、你是否做好保護受撫養人的財務安排？

八、你有沒有特別想要通知死訊的對象？

九、你有沒有想過你死後寵物該怎麼處理？

十、你是否希望將什麼個人物品送給特定的人？
十一、你是否有任何回憶或建議想要告訴親友？
十二、你是否有想銷毀的物品（例如日記）？
十三、你能給你所愛的人提供什麼樣的安慰（例如透過信件告訴他們你對他們的期望）？關於這方面的更多訊息，參見書末參考資源。

臨終規劃

臨終規劃包含很多部分，有些是財務狀況，有些是行政流程，有些涉及醫療保險，還有純粹的情感問題。最基本的文件是生前信託和預立醫囑。

預立遺囑、**生前信託**和**預立醫囑**有什麼不同？

預立遺囑基本上與預立醫囑相同，是一份具有法律效力的文件，允許人們在無法傳達他們的決定時，預先表達他們對死後相關事項的安排與臨終醫療護理的願望。預立醫囑可以指定一個醫療代理，該代理人是你認為適合代表你做出醫療決定的人選。

網路上有預立醫囑或預立遺囑的範本，也可以向醫院取得預立醫囑的表格。美國各州都提供了一份標準格式，你可以複印、填寫、簽名（必須有見證人和公證），然後交給你的親人或與你的醫療文件一起存放。萬一你突然發生意外，你的親友才知道根據這些重要訊息做出醫療決定。

生前信託和遺囑是管理你的資產的重要文件。生前信託是一種法律文件，將你的資產在你生前就存入信託，然後在你身故後由你選定的代理人（又稱為「繼任受託人」）轉交給指定的受益人。

遺囑與信託的主要區別在於，遺囑只有在你身故後才生效，而信託則是在手續完成之後立即生效。遺囑同樣是一份法律文件，上面載明在你身故之後，誰將可以取得你的財產和資產，它必須指定一個法定代表來執行你的分配。

現在有許多線上服務可以幫助人們以低成本的方式建立和完成這些文件，但也有許多專門的律師可以協助處理。

除了這些繁瑣的行政文件，還有許多情感的問題需要考慮。從你最喜歡的毛衣，到你希望親人留下哪些回憶，你可以根據這些情感建立一份專屬的檔案，這會是一件撫慰人心的事。

你可以隨心所欲建立這樣的文件，簡單打出一份清單或寫成信件，或者在筆記本上寫下你的想法，再與重要文件一起保存。當家人在整理逝者留下來的遺物時，往往對於如何處理這些東西有很大的不確定感。如果能夠從你這裡得到明確的指示，對他們來說會非常有幫助。

當然，做這些事情一定會讓人感到焦慮，請深呼吸，保持正念，覺知思緒。而最終這項工作將會抒解你的焦慮。

我已經養成將所有事情記錄在兩個女兒的成長紀錄簿裡的習慣，我還經常給她們寫信，讓她們長大以後可以看。我知道如果我在她們長大成人之前死去，她們還是可以找到我無法當面告訴她們的各種問題解答，這讓我感到安心不少。

我認為最重要的是，我們可以藉由安排身後事來預防面對死亡的焦慮——不僅是在臨終那一刻，而且是在死亡來臨之前就做好準備。

我之前提到，我在安寧院所工作時懷了第一個女兒，當我意識到我們為了迎接新生命的誕生做了這麼多準備，卻在送別死亡這件事情上做得那麼少，我感到很驚訝——我在懷孕時參加了生產準備課程，我先找好了助產士，還請了陪產師陪伴我度過整個分娩過程，提供我身體和精神上的支持。

近年來，我很高興看到臨終協助者（death doulas）的服務越來越多，他們基本上做著同樣的事情。為了撰寫本章，我諮詢了洛杉磯的臨終協助者雅露亞·阿瑟（Alua Arthur），我經常轉介個案給她。雅露亞指導臨終者安排身後事，陪伴他們一起完成心願，協助他們安然離開人間。

雅露亞·阿瑟給臨終規劃的建議

我經常問臨終者一個問題：「要能夠平靜地離去，有什麼事是你非做不可的？」答案因人而異，對有些人來說，必須先做好財務分配；對某些人來說，則是修補破碎的關係。更多時候則與我們的情感有關。我覺得那就像是一道門檻——一旦跨過門檻，我們便到達另一個境界。

前幾天我讀到阿圖·葛文德（Atul Gawande）的一句話，他說：「人生的目標不是擁有一場完美的喪禮，而是在生命走到盡頭之前過得幸福。」如果我們把幸福生活的原則應用到生命的最後一刻會是如何？從修補一切轉變為使一切變得更好，最後則是接受生命短暫的事實。在某種程度上，我們都必須經歷這段旅程。

我認為我們可以做的一個改變是：把死亡帶入日常生活。我們可以讓老人在家中安詳死去；看著祖父母變老與死亡，會讓家人的關係更加緊密。但如今他們都住進了安養院，幸運的話你每個月會去看他們一次，然後某天他們過世了，你參加喪禮，最後一切就這麼結束。因此，當死亡真的降臨在我們身上，我們的恐懼將遠超過我們的想像。因為孩子們不再有機會接觸死亡，所以他們不知道如何面對死亡。

我會和我的案主一起擬定臨終照護指示。我稱之為預立計畫書。我會詢問他們對於維持生命、自主權、財產以及其他事物有什麼想法。他們在意什麼事情？能否給親人留下一些指引，讓他們不至於六神無主？不可避免的是，當我們談論到財產時，常會聽到有人說：「身外之物並不重要。」但後來他們開始思考那些對他們來說真正重要的事情時，就會改口說：「我也不希望這一切被當成只是應該的。」搞清楚這些事情確實能夠為他們帶來平靜。

制定這份文件的另一層用意是，這是一份死者生前留下的東西，由死者親筆撰寫。因此在他死後，親人仍然保留了他的手稿，裡頭包含了明確的指示。

對於那些經歷嚴重焦慮的人，我會帶領他們做死亡冥想。我請他們坐下，引導他們直接面對問題。我也協助他們擬定計畫書。一旦人們開始實際思考這一切，確實就能夠平息焦慮。

另外還有人際關係的問題。例如：「我跟妹妹之間還有話沒說清楚，所以要是我今晚就走了，我需要做些什麼才能安心離開？」問問你自己是否對現在的一切感到滿意？如果沒有，需要做些什麼來修補？

我把這些稱之為臨終試驗。當我面臨衝突或覺得有什麼事情需要弄清楚的時候，我經常拿它來自我測試。如果此刻我就要死了，那麼這件事對我來說有多重要？不要把你會覺得遺憾的事情留到明天才去做。待辦清單中，有多少是你必須現在就完成的？

有件事讓我感到些許寬慰：通常人死後看起來並不會面帶恐懼。一般來說，他們看起來很平靜，有時甚至會露出一抹微笑。因此我個人認為死亡本身並不可怕。

現在就寫下你的臨終計畫吧。看看你的財務狀況，整理手邊的文件，思考你的一切。想想如果你明天將從這個地球上消失，你會留下什麼樣的爛攤子？現在就開始處理這些事情。我們總是希望一切都能夠在掌控中，所以我認為如果我們能夠稍微掌控死亡，便能夠減少一些焦慮，讓事情變得更容易一些。這對每個人來說都是辦得到的。

我想很多人擔心的最後一件事，就是我們所愛的人將如何面對我們的離去。這是一種常見的擔憂，尤其是對那些真正經歷過喪慟的人。

如果這是你此刻正在努力解決的問題，請花點時間思考本章提出的建議。透過這些面對死亡的準備工作，你盡力減輕了親友在你離世之後所要面對的喪慟。藉由臨終試驗問問自己：如果此刻你將踏上死亡之路，你還有什麼事情沒有完成？

想想你是否可以留下幾封信給你所愛的人。想想你對誰還有什麼話想說。把各種關係理清楚。和你所愛的人談談你離開人世之後，他的生活會有什麼轉變，然後找出在實際層面上與情感層面上對他最有幫助的事。

我知道這麼做很不容易。但逃避可怕的事並不會減少它的發生機率。面對內心的恐懼，可以幫助你克服恐懼。在這個過程中，請對你自己保持耐心。善用本章的各項建議，必要時再讀一遍。為自己的死亡預做準備，正是讓你能夠更加安心的最佳方式。

焦慮檢測表

檢視你的焦慮程度。雖然本章的重點在於面對自己的死亡，但閱讀至此，你已經學到了很多東西，包括悲傷的歷程、焦慮如何產生，以及如何處理焦慮。

以一到十作為評分標準（十代表焦慮程度最高），你覺得你現在的焦慮有幾分？

1　2　3　4　5　6　7　8　9　10

你目前有以下哪些症狀？

□恐慌發作

□失眠

□噁心

□頭暈
□心跳加速／心悸
□過度憂慮
□憂鬱症

順利的話，現在你的恐慌和焦慮程度已經有明顯的改善。如果你覺得自己依然不好過，不妨重讀那些讓你有感的章節，或尋求治療師的幫助，他們可以幫助你運用你在這裡學到的方法。

所有這一切練習都需要時間、耐心和自我鼓勵。記住，悲傷和焦慮沒有療癒的捷徑，但只要一小步就能夠幫助你往前邁進。對自己好一點，繼續努力療癒的練習。在喪慟與焦慮的過程中，你並不孤單，你可以好起來的。

結語

死亡不是愛的終點

死亡是我們的朋友，因為它將我們與一切萬有帶入一個絕對而激情的存在中，那是自然的，也是充滿愛的。

——里爾克 Rainer Maria Rilke

死亡不是愛的終點；它是你與你自己以及你所愛的人的新關係的起點。要能夠真正理解這件事需要時間。悲傷是一段旅程，我們所有人都必須踏上這段旅程，才能抵達一個平靜與真心接納的所在。這段旅程常常令人恐懼。然而，它也充滿了轉變。當我們面對內心最大的恐懼，我們才可以開始克服它。以本書建議的方式探索死亡和喪慟，將可以幫助我們所有人過著更開闊、更有愛、更平靜的生活。

雖然我們可能永遠無法從失去所愛的喪慟中走出來，但我們可以學會與這種失落感共存，我們可以利用這段經歷找到更棒的生命意義和目標。悲傷是愛與連結的延伸。你之所以感到悲傷難過是因為你失去了生命中與你相依的人。失去令我們感到焦慮，因為它凸顯了一切的不確定性。但失去所愛並不表示你必須永遠沉浸在悲傷的情緒中，也不表示你必須活在恐懼的陰影下。

湯瑪斯．安堤格寫道，「我們仍然可以繼續『保有』我們『失去』的，也就是一種持續的愛，儘管形式有所轉化。我們並沒有真正失去與對方一起生活的歲月或記憶。我們也沒有失去他們對我們的影響、啟發、價值以及生命意義。我們可以積極地將這些東西融入新的生活，包括與對方的恆久連結。」

我希望本書可以讓你明白，在喪慟與焦慮的道路上你並不孤單。我們許多人都經歷過這一切，而這個世界和你自己都擁有豐富的資源可以幫助你面對喪慟，邁向轉變。

撰寫本書的過程中，我回想起每一位案主。我想到他們的喪慟故事、他們如何掙扎著面對伴隨喪慟而來的焦慮，以及所有可以幫助他們尋得平靜的方法。思及這樣的悲傷歷程，我仔細安排了章節的順序，希望讀者也能夠體驗到和他們一樣的轉變。你之所以拿起這本書是因為你正感到焦慮，不知道該如何處理。而但願到目前為止，你已經學會了許多幫助你減輕與管理焦慮的方法。

對我而言，這同時是一段探索自我的過程。學習如何在失去雙親後繼續走下去並擁抱生命，是一趟漫長而痛苦的旅程。在我陷入喪慟那段期間，各種資源並沒有像今天這般容易取得，我經常覺得自己像是在黑暗中匍匐前行，而我在這條路上得到的啟發引領我從事這份工作，幫助與撫慰那些在喪慟和焦慮的深淵中踽踽獨行的人。

我每天還是會想念我的父母。他們的死影響我各個層面的生活。然而，隨著時間過去，我已經可以把悲傷視為一種上天賜給我的禮物，它是一個意想不到的旅伴，教會我更多關於生命與愛的真理。

我希望這本書在某種程度上能夠讓你卸下武裝，帶你認識到悲傷的美，因為它真真實實是愛的反射。花點時間好好體會這一點，允許自己好好感受失去所愛的悲傷。正如我們在書中學到的，把悲傷或恐懼推開，並不會讓它們就此消失。

我想提醒讀者的是，你與生俱來面對喪慟的力量。我們都有克服壓力和悲傷的能力。面對它，處理它，找到力量、勇氣與復原力，並不表示你必須遺忘或把逝者拋在腦後。與所愛的人保持連結有很多種方式，但你也必須與你自己保持連結，尊重你自己。

焦慮是一種非常真實的感覺，它會壓得人喘不過氣來，它會讓人心力交瘁。它很嚇人，也可能隨時會出現。不過我希望現在你對於焦慮如何產生，以及如何面對它，有了新的認識。如果你願意積極去理解焦慮，它就無法掌控你的生活。

認真看待你的喪慟故事，這個故事將伴隨你度過一生，重塑你的生活。尋找故事中蘊含的美——你與對方之間珍貴的關係與愛。寫下你的故事，說出你的故事，為它尋找一個定位和歸屬，尊重與珍視它。它是你的故事，你必須去檢視與分享的故事。

記住，執著於故事中讓你感到不安、對你無益的部分會讓你痛苦不堪。修復關係，消除憤怒，原諒對方和你認為你自己所造成的錯誤，找回真正的自我。我們都難免會犯錯，或做了什麼傷害我們所愛的人，但是我們可以從這些經驗中學習，從而成為更好的人。

重新掌控你的生活，承認喪慟帶來的改變。你的世界可能已經變了，但這不意味著你只能站在原地不知所措。尋求幫助，從他人的喪慟故事中找到力量。你並不孤單。

從你自己的喪慟中尋找啟發。利用你對生命如此脆弱的體悟，讓你能夠更有勇氣面對生活。向這個充滿各種可能性的世界敞開心扉，要知道你所愛的人並不會希望你因為他的死而變得退縮。相反的，他會希望你成長，希望你過得更好，希望你能像他陪在你身邊時那樣享受人生。

用文字和語言去探索你的喪慟。把它寫成故事，為你自己而寫，寫下你的回憶，以及給逝者寫封信。把你想說的話都寫在紙頁上，就像我所做的一樣，這是療癒的一部分。用文字來挖掘悲傷和愛，是最有力的行動。

檢視你的想法。覺知它們。它們不是你。它們不過只是一種想法。它們可以被管理、改變、控制和轉化。以覺知思想作為工具來改變你的觀點，平息你的焦慮，最終則是更加瞭解你自己。認識自己的思緒和想法是一輩子的事，將帶給你莫大的影響。

擁抱當下。體會此刻正在發生的事，安住於此時此地。專注在你的呼吸，找到內心的平靜。從翻騰的思緒中向後退一步，學習活在當下這一刻。這是維持內心安穩的最佳途徑。

無論透過何種方式，重建與逝者的連結是展開新生活的關鍵。對方並未完全從你的生活中消失。探究靈性層面的問題，問問自己你真正相信的是什麼。接受死亡並非關係的結束。當你能夠明白這一點，並且讓關係持續發展，你將感到如釋重負，恐懼也會因此緩解。

提醒自己，人終將一死。擁抱死亡可以幫助你擁抱生命。知道自己已經為死亡做好準備，有助減輕面對死亡的焦慮。協助你所愛的人規劃你的身後事，將對他們很有幫助。計畫如何死，就是計畫如何生。

我希望你明白本書提供的一切方法將引領你走向更完滿、更有意義、更有目標的生活。回想我所經歷的悲傷，即使是那些最痛苦的時刻，我的內心充滿了感激。失去我最愛的父母，踏在悲傷的煎熬中，打開了我的各種可能性。悲傷教會我同情和憐憫。焦慮教會我平靜和活在當下。失去則教會我如何生活和愛。我相信你也一樣可以辦到。

致謝

成為一名治療師是我生命中最光榮的事。我很榮幸能與這麼多的人同行，陪伴他們歷經喪慟和療癒，看著他們對自己和這個世界有了新的認識。少了你們，這本書不可能完成。非常感謝你們對我的信任以及我們一起共度的時光。

感謝我傑出與勤奮不懈的經紀人 Wendy Sherman，她協助我實現畢生的夢想，在我撰寫三本書的過程中，每一步她都陪在我身邊。我對她的愛就像對我女兒一樣，我很自豪能有她的支持。感謝我的編輯 Renee Sedliar，她總是能夠馬上理解我的想法，協助我完成。感謝 Da Capo 的團隊——感謝每個奉獻一己之力的人，努力將本書付梓。

獻給所有既是家人又是朋友的夥伴。你們無盡的支持、你們的友誼、你們的歡笑、你們的淚水，都讓我感動不已。Caeli Wolfson Widger, Jenny Feldon, Jillian Lauren, Kelle Hampton, Sarah Jio, Jennifer Mack, Melissa Pope, Francesca McCaffery,

Katie Devine, Hope Edelman, Mark Sarvas, Ron Purdy。謝謝你們。我不知道沒有你們我該怎麼辦。

我的女兒維若妮卡和茱麗葉，妳們是我最棒的老師，我從妳們身上不斷學到慈悲、謙卑、創造力，以及即使心碎也總是能夠好起來。

最後，獻給我的丈夫馬克，他是我見過最不會感到焦慮的人。自從我們相遇的那一天起，你就把我緊緊抓牢。那天晚上，我在北卡羅來納州阿什維爾的篝火旁告訴你關於這本書的構思，從那一刻起，你便協助我完成這部作品。謝謝你一直信任我。

參考資源

雖然現在有不少喪慟相關的資源可以利用，但以下是我最喜歡，也是我認為本書能提供的最好補充。

・線上社群與工作坊

Deathoverdinner.org
Dinnerparty.org
Grief.com
Griefnet.org
Griefshare.org
Modernloss.com
Onlinegriefsupport.com

・喪慟相關的書籍

A to Z Healing Toolbox: A Practical Guide for Navigating Grief and Trauma with Intention, by Susan Hannifin-MacNab

Bearing the Unbearable, by Joanne Cacciatore
How We Grieve: Relearning the World, by Thomas Attig
It's OK That You're Not OK, by Megan Devine
Modern Loss: Candid Conversations About Grief, by Rebecca Soffer and Gabrielle Birkner
On Death and Dying, by Elisabeth Kübler-Ross and David Kessler

- **寫作資源**

Braving the Fire: A Guide to Writing About Grief and Loss, by Jessica Handler
Creativenonfiction.org—online memoir classes
Refugeingrief.com—online grief-writing courses

- **認知行為療法的資源**

The Anxiety & Worry Workbook, by Aaron T. Beck and David A. Clark
Beckinstitute.org
Dr. Pierce—drphilippierce.com

- **冥想與正念**

Artofliving.org
Full Catastrophe Living, by Jon Kabat-Zinn
Headspace.com
Loving What Is: Four Questions That Can Change Your Life, by Byron Katie
Mindful.org

The Mindfulness and Acceptance Workbook for Anxiety, by John P. Forsyth and George H. Eifert
The Miracle of Mindfulness, by Thich Nhat Hanh
Radical Acceptance, by Tara Brach
Real Happiness: The Power of Meditation, by Sharon Salzberg
Wherever You Go, There You Are, by Jon Kabat-Zinn
Wildmind.org

- **臨終規劃**

Alua Arthur—goingwithgrace.com
Amy Pickard's Good to Go -·—goodtogopeace.org
Caringinfo.com—find individual states' advance-care directives
Departingdecisions.com
How to Die: A Field Guide, by Dr. B.J. Miller and Shoshana Berger
International End of Life Doula Association—inelda.org
National Hospice and Palliative Care Organization—nhpco.org
Zenhospice.org

- **喪親問題**

Fatherless Daughters Project, by Denna Babul and Karin Luise
Motherless Daughters, by Hope Edelman

Parentless Parents, by Allison Gilbert

- **失去伴侶或夥伴**

Sisterhoodofwidows.com

Soaringspirits.org

Thekitchenwidow.com

- **喪子**

Compassionatefriends.org

Copefoundation.org

Glowinthewoods.com

Missfoundation.org

- **兒童的喪慟**

Childrengrieve.orgDougy.org

Foundationforgrievingchildren.org

- **失去軍中同袍**

TAPS.org

- **自殺身亡的議題**

Allianceofhope.org

參考資料

第一章

- https://adaa.org/about-adaa/press-room /facts-statistics#.
- https://sites .psu.edu/ccmh/files/2017/01/2016-Annual-Report-FINAL_2016_01_09-1gc2hj6.pdf.
- 美國精神衛生研究院資料 https://www .nimh.nih.gov/news/science-news/2010/national-survey-confirms -that-youth-are-disproportionately-affected-by-mental-disorders .shtml.

第二章

- Attig, Thomas. *How We Grieve: Relearning the World*. New York: Oxford University Press, 2011.
- Kübler-Ross, Elisabeth, and David Kessler. *On Grief and Grieving: Finding the Meaning of Grief Through the Five Stages of Loss*. New York: Scribner, 2014.
- Worden, J. William. *Grief Counseling and Grief Therapy: A Handbook for the Mental Health Practitioner*. New York: Springer, 2009.

第五章

- Hone, Lucy. *Resilient Grieving: Finding Strength and Embracing Life After a Loss That Changes Everything*. New York: Experiment, 2017.
- Sandberg, Sheryl, and Adam M. Grant. *Option B: Facing Adversity, Building Resilience, and Finding Joy*. New York: Alfred A. Knopf, 2017.

第七章

- Handler, Jessica. *Braving the Fire: A Guide to Writing About Grief and Loss*. New York: St. Martins Griffin, 2013.

第八章

- Clark, David A., and Aaron T. Beck. *The Anxiety and Worry Workbook: The Cognitive Behavioral Solution*. New York: Guilford Press, 2012.
- Katie, Byron, and Stephen Mitchell. *Loving What Is: Four Questions That Can Change Your Life*. New York, 2003.

第九章

- Kabat-Zinn, Jon. *Full Catastrophe Living: Using the Wisdom of Your Body and Mind to*

Face Stress, Pain, and Illness. New York: Bantam Books, 2013.
———*Wherever You Go, There You Are: Mindfulness Meditation in Everyday Life*. New York: Hachette Books, 2014.

第十章

- Gilbert, Allison. *Passed and Present: Keeping Memories of Loved Ones Alive*. Berkeley, CA: Seal Press, 2016.
———Allison. *Parentless Parents: How the Loss of Our Mothers and Fathers Impacts the Way We Raise Our Children*. New York: Hyperion, 2011.

國家圖書館出版品預行編目資料

當焦慮來臨時：走出喪慟的情緒，踏上療癒之路
克萊兒．畢德威爾．史密斯 Claire Bidwell Smith 著 盧相如 譯
初版. -- 臺北市：商周出版：家庭傳媒城邦分公司發行
2019.03 面； 公分
譯自: Anxiety: The Missing Stage of Grief
ISBN 978-986-477-608-5 (平裝)

1.焦慮 2.生活指導 3.心理治療

176.527 107023678

當焦慮來臨時：走出喪慟的情緒，踏上療癒之路

原著書名／Anxiety: The Missing Stage of Grief
作　　者／克萊兒．畢德威爾．史密斯 Claire Bidwell Smith
譯　　者／盧相如
責任編輯／陳玳妮

版　　權／林心紅
行銷業務／李衍逸、黃崇華
總 編 輯／楊如玉
總 經 理／彭之琬
發 行 人／何飛鵬
法律顧問／元禾法律事務所 王子文律師
出　　版／商周出版
台北市 104 民生東路二段 141 號 9 樓
電話：(02) 25007008 傳眞：(02)25007759
E-mail：bwp.service@cite.com.tw
Blog：http://bwp25007008.pixnet.net/blog
發　　行／英屬蓋曼群島商家庭傳媒股份有限公司城邦分公司
台北市中山區民生東路二段 141 號 2 樓
書虫客服服務專線：(02)25007718；(02)25007719
服務時間：週一至週五上午 09:30-12:00；下午 13:30-17:00
24 小時傳眞專線：(02)25001990；(02)25001991
劃撥帳號：19863813；戶名：書虫股份有限公司
讀者服務信箱：service@readingclub.com.tw
城邦讀書花園：www.cite.com.tw
香港發行所／城邦（香港）出版集團有限公司
香港灣仔駱克道 193 號東超商業中心 1 樓
E-mail：hkcite@biznetvigator.com
電話：(852) 25086231 傳眞：(852) 25789337
馬新發行所／城邦（馬新）出版集團【Cite (M) Sdn. Bhd.】
41, Jalan Radin Anum, Bandar Baru Sri Petaling,
57000 Kuala Lumpur, Malaysia.
Tel: (603) 90578822 Fax: (603) 90576622
Email: cite@cite.com.my

封面設計／萬勝安
排　　版／極翔企業有限公司
印　　刷／卡樂彩色製版印刷有限公司
經 銷 商／聯合發行股份有限公司
電話：(02) 2917-8022 Fax: (02) 2911-0053
地址：新北市 231 新店區寶橋路 235 巷 6 弄 6 號 2 樓

■ 2019 年 3 月 5 日初版
定價 380 元

Printed in Taiwan

ISBN 978-986-477-608-5